FACULTÉ DE DROIT DE PARIS

THÈSE

POUR

LE DOCTORAT

DES LATINS JUNIENS EN DROIT ROMAIN

DES MODES D'ASSIMILATION DES ÉTRANGERS AUX NATIONAUX

EN DROIT FRANÇAIS

PAR

Eugène MICHON

Avocat

CLICHY

IMPRIMERIE PAUL DUPONT ET Cⁱᵉ

12, RUE DU BAC-D'ASNIÈRES, 12

1872

DROIT ROMAIN
DES LATINS JUNIENS

DROIT FRANÇAIS
DES MODES D'ASSIMILATION DES ÉTRANGERS
AUX NATIONAUX

THÈSE
POUR LE DOCTORAT

PAR

EUGÈNE MICHON

Avocat
Né à Paris

L'acte public ci-après sera soutenu le 20 juillet 1872, à midi

Président, M. BEUDANT, Professeur

SUFFRAGANTS. MM. DUVERGER.
CHAMBELLAN.
GIDE. Professeurs.
BOISTEL, Agrégé.

*Le candidat répondra, en outre, aux questions qui lui seront faites
sur les autres matières de l'enseignement*

CLICHY
IMPRIMERIE PAUL DUPONT ET Cⁱᵉ.
12, RUE DU BAC-D'ASNIÈRES, 12

1872

A MES PARENTS

DROIT ROMAIN
DES LATINS JUNIENS.

CHAPITRE PREMIER.

DE L'ESCLAVAGE ET DE L'AFFRANCHISSEMENT EN GÉNÉRAL. LOI JUNIA.

Les Instituts nous présentent comme principale division des personnes, la division en hommes libres et esclaves. Les hommes libres se divisent encore en ingénus et affranchis, et les affranchis eux-mêmes, à une certaine époque que nous tenterons plus loin de préciser, se subdivisent en affranchis *cives Romani* et *cives non Romani*. C'est la classe la plus intéressante de ces affranchis, les affranchis *non cives Romani* ou affranchis Latins Juniens, que nous nous proposons d'étudier. Mais quelques mots d'abord, sur l'esclavage et sur l'affranchissement en général, sont nécessaires.

L'esclavage nous est présenté par Florentinus, et après lui par Justinien, comme une institution du droit des gens qui, contre nature, met un homme dans le domaine d'un autre. L'esclave, au contraire de l'homme libre qui peut naturellement en principe faire tout ce qui lui plaît, ne peut faire que ce qu'on lui permet. L'esclave appartient à son maître, comme lui appartiendrait une chose; et si l'esclave n'avait pas eu une certaine capacité d'acquérir soit pour lui-même, soit pour son maître, on pourrait soutenir qu'en droit romain l'esclave n'était pas une personne. Aussi, les Romains appliquent-ils ordinairement la dénomination de personne à tous les individus sans distinction et nommément aux esclaves (1).

On naît esclave, ou on le devient. Est esclave de naissance, l'enfant d'une femme esclave; devient esclave d'après le droit des gens, le captif. C'est, en effet, dans la guerre et dans la captivité qu'il faut chercher l'origine de l'esclavage; et c'est pour cette raison que nous trouvons l'esclavage en vigueur non-seulement chez les Romains, mais encore chez tous les peuples de l'antiquité, qui presque tous vivaient dans un état de guerre à peu près permanent. On devient encore esclave, d'après le droit civil, dans certains cas qui ont varié dans le droit ancien et dans le droit de Justinien, cas où la perte de la liberté était la punition de certaines fautes.

On sait combien était rigoureux l'esclavage dans l'antiquité; mais si la condition de l'esclave était dure, elle n'était pas irrévocable, et l'esclave pouvait être libéré de la servitude par un acte qu'on appelait affran-

---

(1) Savigny, t. II, chap. II, p. 31. *Des Personnes considérées comme sujets des rapports de droit.*

chissement ou manumission. Sont affranchis, nous dit
Justinien, ceux qui sont libérés par manumission d'une
juste servitude : « Libertini sunt qui ex justâ servitute
manumissi sunt. » Et Justinien ajoute que la manumission ou don de la liberté est, comme la servitude, une
institution du droit des gens. Dans l'ancien droit, l'affranchissement avait pour effet de rendre l'affranchi citoyen romain, citoyen de condition inférieure, il est
vrai, comme nous le verrons plus loin, mais enfin, citoyen romain. L'esclave affranchi acquérait le droit de
cité, il pouvait dire : Civis sum Romanus. Personne n'i-
gnore l'influence vraiment magique de ces quelques
mots dans l'antiquité et tout ce qu'ils contenaient : prononcés au milieu des autres peuples, ils assuraient au
citoyen l'inviolabilité et le respect qui sont dus aux membres d'une famille souveraine ; prononcés au milieu des
supplices, ils passaient de la poitrine du patient dans la
bouche du plus grand orateur de Rome, et suscitaient à
la victime Cicéron pour vengeur. Le droit civil étant en
outre l'apanage exclusif de ceux qui faisaient partie de
la cité, le citoyen avait, dans l'ordre privé, le *connubium* et le *commercium ;* dans l'ordre politique, le *jus
suffragii* et *honorum.* Une fois acquise, la qualité de
citoyen était ineffaçable et le jugement du peuple, qui
pouvait vous priver de la vie, ne pouvait vous enlever
la cité, si ce n'est indirectement et par un de ces détours auxquels se complaisait l'esprit fertile en expé-
dients des juristes romains. Aussi, pour qu'un esclave
pût acquérir cette qualité si précieuse de citoyen romain, fallait-il le consentement de tous les citoyens. La
manumission était donc un acte encore plus politique

que privé, puisque l'agrégation de l'esclave à la cité rendait nécessaire l'intervention, de la cité, et puisque le peuple figurait toujours soit par lui-même, soit par ses représentants dans la manumission.

Il y avait trois modes publics et légaux d'affranchisse-ment ; le cens, la vindicte et le testament. Le censeur représentait la cité dans l'affranchissement par le cens ; le peuple lui-même figurait dans l'affranchissement par testament, et était encore représenté par un magistrat dans l'affranchissement par la vindicte. L'emploi de l'un de ces trois modes produisait le même effet, et con-férait toujours à l'esclave la qualité de citoyen romain, pourvu, toutefois, que le maître affranchissant eût sur l'esclave le *dominium ex jure Quiritium*, et la capacité légale d'affranchir. Mais il arrivait quelquefois qu'un maître affranchissait son esclave sans avoir sur lui le dominium ex jure Quiritium, ou sans employer les modes solennels ou légaux prescrits pour la validité de l'affran-chissement. Ainsi, souvent, le maître qui voulait con-férer la liberté à son esclave, lui écrivait de vivre en li-berté, ou déclarait sa volonté en présence d'un certain nombre d'amis. On donnait à ces affranchissements les noms d'affranchissement *per epistolam* ou *inter amicos*.

Il est probable que ces modes privés de manumis-sion prirent naissance à l'époque où le nombre des esclaves et par conséquent celui des affranchissements s'accrût, et furent d'autant plus usités qu'ils étaient d'un emploi plus simple et plus commode que les modes pu-blics ou légaux. Mais ces affranchissements, où, con-trairement aux rigoureuses exigences du droit civil, la cité n'avait pas été représentée, ne pouvaient avoir pour effet d'introduire dans son sein un nouveau citoyen ; aussi l'esclave affranchi par son maître autrement que par la vindicte, le cens ou le testament, n'acquérait-il pas la liberté légale, mais seulement une liberté de fait, ou, pour mieux dire, l'exercice de la liberté. D'après le droit civil, l'esclave ne devenait pas libre, mais d'après le droit prétorien, et conformément à l'intention du maître, il vivait en liberté.

Cette liberté de fait dont jouissait l'esclave affranchi par un mode privé ne fut très-probablement d'abord qu'une liberté de tolérance, que le caprice du maître pouvait à son gré maintenir ou révoquer. Tout ce que l'affranchi acquérait soit par stipulation, soit par mancipation, ou de toute autre manière, était acquis au maître, c'est ce que nous apprend le passage suivant de Dosithée : « Omnia tamen tanquam servus adquirebat manumissori, vel si quid stipulabatur, vel mancipatione accipiebat, vel ex quàcumque causâ aliâ adquisierat, domini hoc faciebat, id est, manumissi omnia bona ad patronum pertinebant (1). » Ainsi, l'affranchissement privé n'avait d'autre effet que de permettre à l'esclave affranchi de cette façon de vivre en liberté, et de le libérer des services dus par un esclave à son maître, « tantum serviendi metu liberabatur. » Mais, que devenaient les enfants d'un pareil affranchi ? Étaient-ils affranchis comme leur père, ou esclaves ? Pour ceux qui étaient nés avant l'affranchissement non solennel de leur père, leur condition n'était pas douteuse et ils demeuraient esclaves. Peut-on en dire autant de ceux dont la

____

(1) Dosithée, *Disputatio forensis de manumissionibus*, § 5.

naissance était postérieure à l'affranchissement? C'est une croyance assez généralement répandue, que ces enfants eux-mêmes devenaient esclaves : nous ne pensons pas que cette opinion, qui ne s'appuie sur aucun texte, que rien ne justifie, soit fondée; nous tenterons d'en faire la critique et d'en démontrer la fausseté lorsque nous parlerons de la loi Junia et de son esprit.

On voit, par ce qui précède, que la condition de l'esclave affranchi autrement que par un mode légal n'avait rien de bien enviable et surtout était bien précaire; mais le préteur que l'on voit si souvent, dans l'histoire du droit romain, tempérer par ces ingénieux détours l'excessive rigueur du droit civil, vint le premier au secours de l'esclave et le prit sous sa protection. Comme nous avons déjà eu occasion de le dire plus haut, le préteur considérait le patron comme lié vis-à-vis de son esclave, et c'est après avoir vu plusieurs patrons de mauvaise foi manquer à leur engagement, que le préteur prit l'habitude d'intervenir pour maintenir l'esclave en liberté : « Hi qui domini voluntate in libertate erant, manebant servi, et manumissores audebant eos iterum in servitutem per vim ducere, sed interveniebat prætor et non patiebatur manumissum servire (1). » C'est en insérant une exception dans la formule de l'action en revendication, que le préteur obtenait ce résultat; mais cette liberté qu'on maintenait à l'esclave n'était toujours qu'une liberté de tolérance, qu'une liberté de fait, car nous savons que tous les autres effets de la servitude continuaient, et qu'à la mort de l'esclave le patron

(1) Dosithée, *Ibidem*, § 8.

venait prendre, *jure peculii*, tout ce qui lui avait appartenu (1).

Cet état de choses, qui réalisait déjà un progrès sur le droit primitif, dura longtemps, mais il est probable qu'il présentait encore de graves inconvénients, car l'attention du législateur en fut éveillée. Nous retrouvons des traces de cette préoccupation dans une proposition due à l'initiative du tribun Clodius, et dont le souvenir nous a été conservé par Cicéron : « Clodius constituerat ut servi qui privatâ dominorum voluntate manumissi in libertate morabantur, justa libertas ac civitas Romana cum suffragio in rusticis tribubus ipso jure daretur (2). » Cette proposition s'explique par le nombre considérable d'affranchis que contenait Rome à cette époque; les affranchis étaient aussi nombreux que les citoyens, et si leur influence n'était pas encore ce qu'elle devait être sous les empereurs romains, elle était déjà assez grande pour s'employer utilement en faveur des affranchis privés. Clodius espéra peut-être aussi que ces affranchis viendraient grossir les rangs de son parti, et il proposa de leur accorder la liberté légale et le droit de cité. La proposition échoua, nous ne savons pour quelle cause, probablement parce qu'elle était trop radicale, ou bien parce que le titre de citoyen était encore trop précieux pour être prodigué; peut-être même que l'on sentait déjà la nécessité d'entraver

(1) Gaius, III, § 56. Admonendi sumus eos qui nunc Latini Juniani dicuntur, olim ex jure Quiritium servos fuisse, sed auxilio prætoris, in libertatis formâ servari solitos : unde etiam res eorum peculii jure ad patronos pertinere solita est.

(2) Cicéron, *Oratio pro Milone.*

les affranchissements qui s'étaient multipliés outre mesure pendant les guerres civiles et qui avaient eu pour effet d'introduire dans la cité une population bâtarde, peu intéressée à la grandeur et à la prospérité de Rome.

Enfin, la loi *Junia Norbana* vint régulariser la situation des esclaves affranchis *privatâ voluntate*, et transformer en liberté légale, la liberté de fait dont ils jouissaient depuis longtemps, sans toutefois, cependant, leur accorder le droit de cité. Ceux qui sont affranchis *inter amicos*, ont une liberté qui leur est propre et forment une classe particulière d'affranchis qui portent le nom de Latins Juniens, « nunc habent propriam libertatem inter amicos manumissi, et fiunt latini Juniani (1). » La volonté du maître doit avoir été libre; s'il a agi sous l'empire de la crainte, la liberté n'est pas acquise à l'esclave (2). Et Gaius nous apprend que les affranchis privés prennent le nom de Latins, à cause de leur assimilation aux Latins coloniaires; de Juniens, parce que c'est la loi Junia qui a fait cette assimilation : « Latinos ideo, quia lex eos liberos perinde esse voluit, atque si essent cives Romani ingenui, qui ex urbe Româ in Latinas colonarias deducti Latini colonarii esse cœperunt; Junianos ideo, quia per legem Juniam liberi facti sunt, etiamsi non cives Romani. »

La date de la loi *Junia* nous est inconnue et donne lieu à de vives controverses. Est-elle antérieure ou postérieure à la loi *Ælia Sentia* qui se place sous le règne d'Auguste an 757 de la fondation de Rome? Cujas

<hr>

(1) Dosithée, § 6, D. de 16.
(2) Dosithée, *Ibid.*, § 7.

croyait que la loi *Junia* datait également du règne d'Auguste (1). Dans une seconde opinion, on place la loi *Junia* sous le consulat de Junius Norbanus et Lucius Cornélius, an 671 de Rome. On se fonde dans cette opinion sur un fragment d'Ulpien ainsi conçu : « Eadem lege (Ælia Sentia) cautum est ut minor triginta annorum servus vindictâ manumissus civis Romanus non fiat, nisi apud consilium causa probata fuerit. Testamento vero manumissum perinde haberi jubet atque si domini voluntate in libertate esset, ideoque Latinus fit (2). » De ce texte il résulterait clairement que la loi *Ælia Sentia* a voulu que dans certains cas l'affranchi fût Latin, mais comme d'autre part Dosithée nous dit que : « Lex Junia Latinorum genus introduxit (3), » on en tire cette conséquence, que la loi *Junia* est antérieure à la loi *Ælia Sentia* et doit se placer en l'an 671, où nous trouvons un consul du nom de Junius Norbanus. A l'appui de cette seconde opinion, on invoque encore les paragraphes 29 et 31 du livre premier des Commentaires de Gaius ; suivant ces paragraphes, c'est la loi *Ælia Sentia* qui a introduit en faveur de l'affranchi *minor triginta annorum* la *causæ probatio*; un sénatusconsulte *Pégasien* a étendu ensuite ce bénéfice à tous les affranchis latins : nouvelle preuve que la loi *Junia* est antérieure à la loi *Ælia Sentia*, car si elle était postérieure, ce serait elle qui eût fait l'extension dont s'agit et non un sénatusconsulte.

(1) Cujas, *Paratitl. ad. tit. cod. de Lat. libert. toll.*
(2) Ulpien, frag. I, § 12.
(3) Dosithée, § 12.

Dans une troisième opinion, on assigne pour date à la loi *Junia* l'an 772 de la fondation de Rome, Tibère étant empereur et Junius Silanus et Norbanus Flaccus consuls. Les partisans de cette troisième opinion donnent, du fragment d'Ulpien que j'ai rapporté plus haut, une interprétation toute différente de celle présentée par les partisans de la deuxième opinion. Selon eux, voici comment il faudrait entendre le texte : « La « loi *Ælia Sentia* apportant des restrictions aux affran- « chissements, empêchait dans certain cas que l'esclave « affranchi ne devînt citoyen (*non voluit manumissos* « *cives fieri*. C. I, § 18, Gaius) ; elle l'assimilait à celui « qui vivait en liberté d'après la volonté de son maître « (*perinde haberi jubet, atque si domini voluntate in* « *libertate esset*), enfin la loi *Junia* vint ; et dès lors cet « esclave fut Latin Junien (*ideoque fit Latinus*). » C'est donc à tort que l'on voudrait inférer du texte d'Ulpien que la loi *Junia* est antérieure à la loi *Ælia Sentia*, il faut au contraire en déduire qu'elle est postérieure à cette loi et la placer par conséquent sous le règne de Tibère, où l'on trouve un consul du nom de Junius et un autre du nom de Norbanus. On fait encore remarquer dans cette troisième opinion : que si la loi *Ælia Sentia* a introduit la *causæ probatio* pour les esclaves affranchis avant leur trentième année, c'est la loi *Junia* elle-même et non un sénatus-consulte qui a étendu ce bénéfice à tous les Latins, ce qui prouve encore que la loi *Junia* est postérieure à la loi *Ælia Sentia* (1).

Cependant, quelque fondée que paraisse cette troi-

____

(1) Ulpien, III, § 3.

sième opinion, nous pensons devoir la repousser et nous ranger à l'avis de ceux qui placent la loi *Junia* en l'an 671. En effet, Dosithée affirme d'une part que c'est la loi Junia qui a introduit la classe des Latins Juniens (§ 12) ; Gaius nous apprend d'autre part que la loi *Ælia Sentia* déclare Latins les esclaves affranchis avant leur trentième année (§ 17, 18, 29) : donc la loi *Junia* a précédé la loi *Ælia Sentia*, et si la loi *Junia* est antérieure à loi *Ælia*, nous ne pouvons la placer qu'en 671, où nous trouvons un consul du nom de Junius Norbanus. Observons enfin, qu'il n'est guère d'usage qu'une loi prenne à la fois le nom de deux consuls, et c'est cependant ce qui aurait eu lieu pour la loi *Junia Norbana*, si, comme les partisans de la troisième opinion, on lui assigne pour date l'an 772, où les deux consuls s'appelaient l'un Junius Silanus, et l'autre Norbanus Flaccus (1).

(1) Pour la date de 671, V. MM. Demangeat, t. I, p. 188 ; — Accarias, t. I, p. 110 ; — Labbé, *à son cours.* — Pour la date de 772, V. MM. de Vangerow, *Ueber die Latini Juniani*, § 2 ; — Walter, *Geschichte des Romischen Rechts bis auf Justinian*, t. I, § 334 ; — Zimmern, t. I, § 21, note 27. — Ducaurroy ; — Ortolan, p. 55, t. II ; — De Caqueray, *De l'Esclavage chez les Romains* ; — Machelard, *Dissertation sur l'accroissement en droit romain*, p. 52.

CHAPITRE II

DES TROIS CAS OÙ L'ESCLAVE AFFRANCHI DEVIENT LATIN JUNIEN.

Primitivement, la liberté était une et indivisible; la même pour l'affranchi que pour l'affranchissant, et entre les deux il n'y avait d'autre différence, nous dit Justinien, si ce n'est que l'un était affranchi et l'autre ingénu. Les droits de cité étaient accordés à l'esclave, et nous savons que, par une conséquence nécessaire, le patron devait être propriétaire de l'esclave d'après le droit civil; que la cité devait figurer dans l'affranchissement et y donner son consentement. Nous avons également exposé plus haut que lorsque le maître n'était pas investi du *dominium ex jure Quiritium*, ou bien ne s'en était pas dépouillé par le cens, la vindicte ou le testament, l'affranchissement ne produisait pas d'effet légal, mais que la volonté d'affranchir manifestée par le maître avait simplement pour effet, et grâce à la protection du préteur, de mettre l'esclave *in libertate*. La loi Junia régularisa la condition de cet affranchi, et lui donna une liberté légale; mais pour que l'esclave pût acquérir le droit de cité, la loi Junia exigeait le concours de ces deux conditions : le maître devait être propriétaire d'après le droit civil ; l'affranchissement devait être solennel. La loi Ælia Sentia, rendue sous Auguste, l'an de Rome 757, Ælius Catus et Sentius Saturninus consuls, vint ajouter une troisième condition aux deux déjà exigées par la loi Junia pour que l'esclave affranchi pût devenir citoyen romain ; elle distingua l'âge des esclaves et n'accorda le droit de cité qu'à l'esclave affranchi après l'âge de trente ans, ou, dans le cas contraire, avec l'autorisation d'un conseil spécial : de telle sorte, qu'à partir de cette loi, trois conditions devinrent nécessaires pour que l'esclave affranchi pût acquérir la liberté et la cité ; l'une de ces conditions venant à faire défaut, l'esclave acquérait bien la liberté, mais non la cité, au lieu d'être citoyen romain, il était Latin Junien.

Gaius résume les trois conditions dont le concours est nécessaire pour que l'affranchi devienne citoyen romain, et par contre les trois cas où il devient Latin, avec une netteté parfaite, en disant : « In cujus personâ tria hæc concurrunt, ut major sit annorum triginta, et ex jure Quiritium dominus, et justâ ac legitimâ manumissione liberetur (id est vindictâ, censu aut testamento) is civis Romanus fit ; sin vero aliquid eorum decrit, Latinus erit (1). » Nous allons étudier ces trois conditions, dont l'absence a pour effet de rendre l'esclave affranchi Latin, non dans l'ordre où Gaius nous les énumère, mais en suivant l'ordre plus logique dans lequel elles ont été successivement exigées.

Première condition. — L'esclave doit être affranchi par un mode solennel ; affranchi par un mode non solennel, il devient Latin.

(1) Gaius, *Comm.*, I, § 17 et 18.

Nous avons expliqué plus haut pourquoi l'affranchissement devait être solennel. Il était logique, en effet, que la cité intervînt dans un acte qui avait pour effet d'introduire dans son sein un nouveau citoyen ; le maître devait manifester sa volonté par trois modes que nous avons indiqués et dont deux seulement sont en vigueur sous Justinien. Primitivement, l'esclave affranchi autrement que par l'un de ces trois modes n'acquérait aucune liberté, mais en fait il vivait libre sous la protection du préteur. La loi Junia, en légalisant les effets produits par l'affranchissement privé, avait maintenu la nécessité d'affranchir l'esclave par un mode légal ou solennel, si on voulait lui faire acquérir la liberté et la cité. Toutes fois donc que, contrairement aux dispositions de la loi Junia, l'esclave n'avait pas été affranchi par un mode légal (justà ac legitimâ manumissione non liberatus fuerit, id est, vindictâ, censu aut testamento), il devenait Latin.

Les modes privés les plus usités par les maîtres pour manifester leur volonté d'affranchir étaient les affranchissements *per epistolam*, ou, *inter amicos*. *Per epistolam*, souvent, dit Théophile, il arrivait qu'un maître écrivait à son esclave absent de vivre en liberté. Cette coutume avait donné naissance à l'affranchissement dit per epistolam, que Justinien régularisa plus tard et pour lequel il exigea, à peine de nullité, la signature de cinq témoins, *quasi ex imitatione codicilli*, dit encore Théophile (1). *Inter amicos*, souvent le maître en présence de ses amis, déclarait mettre l'esclave en liberté. Justi-

____

(1) Théophile, *Paraphrase des Instituts*, t. I, t. V, p. 4.

nien régularisa encore ce mode et exigea pour sa validité un acte signé de cinq témoins, toujours *quasi ex imitatione codicilli*. On employait ce mode de préférence quand l'esclave était présent. Quel est le sens de ces mots, *inter amicos?* Selon nous, il ne faudrait pas les entendre dans leur sens habituel ; ils sont évidemment en notre matière synonymes de *testes;* et c'est ce qui résulte clairement de la disposition de Justinien que nous avons citée plus haut, fixant à cinq le nombre de ces amis ou témoins (1).

Indépendamment des deux modes privés d'affranchir que nous venons de rapporter, il y en avait un grand nombre d'autres qui sont énumérés dans une constitution de Justinien (2). Ainsi, lorsqu'un maître a chassé ou abandonné son esclave dangereusement malade, ou bien, lorsqu'il a prostitué une esclave vendue sous la condition qu'elle ne le serait pas, l'esclave devient libre sans patron. De même, si le maître a marié en lui constituant une dot une femme esclave à un homme libre, ou encore s'il a fait asseoir l'esclave à sa table (*per convivium, per mensam, inter epulas*), en signe de liberté, l'esclave acquiert la liberté. Qu'arriverait il si le maître donnait à son esclave dans un acte public le nom de fils? On croit que cette déclaration entraînerait adoption de l'esclave par le maître, et en conséquence, affranchissement. Ce résultat est tout au moins indiqué par le paragraphe suivant des Instituts de Justinien : « Apud Catonem bene scriptum refert anti-

(1) Cod., 7, 6, 1, § 3 à 12.
(2) Cod., 7, 6, 1, § 1 et 2.

quitas servos, si a domino adoptati sint, ex hoc ipso posse liberari (1). » M. Demangeat estime qu'une pareille adoption ne pouvait avoir lieu qu'avec l'autorisation du peuple, et il faut admettre, si l'on se range à cette opinion, que l'esclave affranchi par adoption étant alors affranchi avec l'autorisation du peuple, devenait citoyen romain (2). Hormis ce dernier cas controversé dans tous les autres cas précités, l'esclave affranchi devient Latin, puisque les auteurs ne reconnaissent comme modes solennels d'affranchissement que le cens, la vindicte et le testament. Observons aussi, que dans tous ces divers cas, c'est tantôt la volonté du maître, tantôt son indignité, qui fait acquérir la liberté à l'esclave. Sont encore Latins en vertu d'une constitution de Constantin les enfants issus d'une femme ingénue et d'un *servus fiscalis* (3).

Mais qu'était l'esclave affranchi par un pérégrin? Incontestablement cet affranchi n'était pas citoyen romain. Comment concevoir, en effet, que l'affranchissement fait par un individu qui ne jouissait pas du droit de cité pût conférer ce droit à un esclave? L'affranchi ne devenait-il pas tout au moins Latin? Nous ne croyons pas davantage à ce résultat; car quelle raison d'appliquer la loi Junia à cet affranchi? L'esclave affranchi par un pérégrin était maintenu en liberté par le préteur (4), et nous pensons qu'il devenait pérégrin, con-

(1) Inst., l. I, t. II, § 12.

(2) Demangeat, *Explic. des Inst.*, p. 296.

(3) L. 3, Code théodosien, *Ad senatus-consultum Claudianum*, l. IV, t. XI.

(4) Dosithée, § 12. *Disput. de manum. :* « Prætor non permittet manumissum servire, nisi aliter lege peregrina caveatur. »

formément au principe que : le patron communique de plein droit sa nationalité à l'affranchi (Pline, *Epist.*, X, 4). Par application de ce principe, nous devons décider que l'esclave, affranchi par un Latin, est Latin comme son maître; de même est Latin Junien l'esclave affranchi par un Latin Junien.

Enfin, nous rangerons encore parmi les affranchis latins, l'esclave qu'un maître mineur de vingt ans aura affranchi avec l'approbation du conseil (*causâ apud consilium approbatâ*), mais autrement que par la vindicte. En effet, encore bien que Gaius et les Instituts nous présentent l'affranchissement approuvé par le conseil comme s'effectuant toujours *vindictâ*, il ne faudrait pas croire cependant que l'emploi par le maître d'un autre mode, non solennel, rendrait l'affranchissement nul; et par exemple, si le maître mineur de vingt ans avait affranchi l'esclave *inter amicos*, après avoir obtenu l'approbation du conseil, l'affranchi deviendrait Latin, ainsi qu'en fait foi le texte suivant de Gaius : « Quamvis Latinum facere velit minor XX annorum dominus, tamen nihilominus debet apud consilium causam probare, et ita postea inter amicos manumittere (1). » De l'énumération qui précède, il résulte qu'indépendamment des affranchissements *inter amicos* ou *per epistolam* que les textes nous présentent presque toujours comme exemples des modes privés d'affranchir, il existait un grand nombre d'autres cas où l'eclave, affranchi par un mode non légal, devenait Latin.

Deuxième condition. — Pour que l'esclave affranchi

____

(1) Gaius, *Comm.* I, § 41.

devienne libre et citoyen romain, l'affranchissant doit avoir sur lui le *dominum ex jure Quiritium ;* s'il ne l'a pas, l'affranchi devient Latin.

Dans les premiers siècles de Rome, il n'y avait qu'une sorte de propriété, la même pour tous, la propriété romaine. La loi des Douze-Tables ne connaissait que cette sorte de propriété ; on était propriétaire selon les règles du droit civil, ou on ne l'était pas : « Aut enim ex jure Quiritium unusquisque dominus erat, aut non intelligebatur dominus (1). » La propriété romaine était l'apanage exclusif du citoyen romain qui seul pouvait l'acquérir, tandis que l'étranger n'y pouvait prétendre. Pour acquérir, pour transférer cette propriété, il fallait, en général, employer certains modes civils solennels, je dis en général, car certaines choses pouvaient être acquises par des modes naturels ; ainsi l'occupation, pour les esclaves pris sur l'ennemi, la tradition, pour les objets de peu de valeur et d'un usage journalier, devaient donner le *dominium ex jure Quiritum ;* c'est de là qu'est sortie la distinction en choses *mancipi* et *nec mancipi.*

Les conquêtes des Romains en Italie et leurs relations de plus en plus fréquentes avec les peuples voisins, donnèrent naissance à une propriété toute particulière, dite propriété du droit des gens ou bonitaire (2), qui fut reconnue et sanctionnée par le droit prétorien seulement. Elle fut d'une grande utilité, surtout pour les habitants des provinces. En effet, le sol des provinces,

(1) Gaius, *Comm.* I, § 10.
(2) Théophile a le premier ainsi qualifié cette sorte de propriété.

à moins que ce ne fût celui d'une cité jouissant par privilége du *jus Italicum*, était la propriété du peuple romain; et les détenteurs n'en avaient que la jouissance ou la possession.

Nous trouvons donc chez les Romains une double propriété, le domaine quiritaire et le domaine naturel: le premier exclusivement réservé aux seuls citoyens romains, le second accessible même aux étrangers. Le domaine romain s'acquiert par les modes du droit civil, le domaine naturel par les modes du droit des gens. Il pouvait se faire que le domaine quiritaire appartînt à un autre qu'à celui qui avait la chose dans ses biens, et on lui donnait alors le nom de *nudum jus ex Quiritium*, pour exprimer qu'il n'avait plus qu'une valeur nominale; quant à celui qui avait seulement la chose dans ses biens, sa propriété portait le nom de possessio in bonis. Il y a entre la possession *in bonis* et la situation de l'esclave jadis maintenu *in libertate* une analogie singulière : la possession *in bonis* est au *dominium ex jure Quiritium* ce que l'esclave *in libertate* est à l'esclave *liber ;* l'un et l'autre constituent un pur état de fait, également protégés tous deux par le préteur et à l'aide du même procédé.

Lorsque le maître a sur l'esclave affranchi le *dominium ex jure Quiritium*, l'esclave devient libre et citoyen romain; lorsque le maître a simplement l'esclave *in bonis*, l'esclave affranchi devient Latin. Dans quels cas le maître a-t-il sur l'esclave la possession *in bonis?* Le maître avait seulement l'esclave *in bonis* si, étant citoyen romain, il recevait l'esclave d'un autre citoyen romain, non par la mancipation ou par tout autre moyen du droit civil, mais par la tradition. Or, les droits que confère la possession *in bonis* sont bien moins étendus que ceux que donne le *dominium ex jure Quiritium*, et c'est pour ce motif que le propriétaire bonitaire de l'esclave, tout en ayant sur lui l'exercice de la puissance dominale, n'a pas le pouvoir en l'affranchissant d'en faire un citoyen romain; l'affranchi devient Latin, et même avant la loi Junia, il était seulement maintenu en liberté par le préteur (1).

Mais supposons maintenant un esclave vendu par un pérégrin, acquis par un citoyen romain, et voyons quel genre de propriété aura *l'accipiens* et quel sera par conséquent l'effet de l'affranchissement fait par lui? L'esclave affranchi deviendra-t-il citoyen romain ou latin? Si *l'accipiens* a acquis le *dominium ex jure Quiritium*, l'affranchissement aura pour effet de rendre l'esclave libre et citoyen romain, pourvu toutefois que l'affranchissement réunisse les deux autres conditions exigées par la loi Junia et par la loi Ælia Sentia, à savoir : l'emploi d'un mode légal et la majorité de trente ans chez l'esclave. Nous croyons qu'il faut décider que *l'accipiens* a acquis sur l'esclave le *dominium ex jure Quiritium*, et que l'affranchissement, s'il réunit d'autre part, comme nous venons de le dire, les deux autres conditions nécessaires pour l'acquisition de la cité, aura pour effet de rendre l'esclave libre et citoyen romain. D'après Gaius, en effet, unum est apud peregrinos dominium, le *peregrinus tradens* n'ayant sur

(1) Gaius, *Comm.* I, § 157....... Unde si ancilla ex jure Quiritium tua sit, in bonis meis, a me quidem solo, non etiam a te manumissa Latina fieri potest.....

l'esclave qu'une propriété unique, l'a nécessairement
aliénée tout entière, et n'a pu retenir aucune espèce
de pouvoir; l'*accipiens*, de son côté, a tout acquis et
est devenu *dominus ex jure Quiritium*. Le texte suivant où Ulpien, parlant d'un esclave affranchi par celui
qui l'a simplement *in bonis*, suppose expressément que
l'esclave avait été livré *civi Romano a cive Romano*, vient
à l'appui de cette opinion : « Qui tantum in bonis, non
etiam ex jure Quiritium servum habet, manumittendo
Latinum facit. In bonis tantum alicujus servus est,
velut hoc modo : si civis Romanus a cive Romano servum emerit, isque traditus ei sit, neque tamen manci-
patus est; neque in jure cessus, neque ab ipso anno pos-
sessus sit, nam quamdiu horum quid fiat, is servus in
bonis quidem emptoris est, ex jure Quiritium autem
venditoris est (1) », encore corroborée par un autre
texte de Tryphoninus (2).

Nous avons dit que l'esclave affranchi par celui qui
l'avait simplement *in bonis* devenait Latin. Ce point a
été cependant contesté avec l'aide d'un texte qu'il est
bon de rapporter ici à cause de son importance : « Sed
« et illud observandum, ut qui manumittitur in bonis
« manumittentis sit; et ideo si tantum ex jure Quiritium
« sit manumittentis, non erit Latinus : necesse est ergo
« servum non tantum ex jure Quiritium, sed etiam in
« bonis esse (3). » Il semble bien résulter de ce texte,
que l'affranchissant doit avoir non-seulement la posses-

(1) Ulp., *frag.* I, § 16.
(2) Tryphoninus, L. XII, § 18, Dig., *De Captic.*, et *Postl.* (49,15).
(3) Dosithée., *Disp. de manum.*, § 9.

sion *in bonis*, mais encore le *nudum jus ex Quiritium*
sur l'esclave affranchi pour qu'il puisse devenir Latin.
Tel n'est cependant pas, selon nous, le sens qu'il faut at-
tacher au texte, et si nous ne nous trompons Dosithée
dit précisément le contraire de ce qu'on voudrait lui faire
dire. Le jurisconsulte prévoit en effet deux hypothèses :
le maître a-t-il l'esclave *in bonis?* l'esclave affranchi
devient Latin ; si le maître au contraire n'a sur l'esclave que le *nudum jus ex Quiritium*, l'affranchissement
est nul et ne produit pas d'effet. Faisons encore remarquer que Gaius, dans un autre texte, supposant précisément le cas où le domaine quiritaire appartiendrait à
l'un et la propriété bonitaire à l'autre, décide que : l'esclave affranchi par celui qui l'a seulement *in bonis* devient Latin. « Si ancilla, ex jure Quiritium tua sit, in
« bonis mea ; a me quidem solo, non etiam a te manu-
« missa Latina fieri potest,..... nam ita lege Junia cave-
« tur (1). » Il n'est donc nullement nécessaire que
l'affranchissant ait sur l'esclave la pleine propriété.

Si le maître qui a l'esclave *in bonis* acquiert au bout
d'un certain temps par l'usage, c'est-à-dire par la possession même, le domaine romain, ou domaine complet
sur l'esclave, l'affranchissement aura pour effet de rendre l'esclave libre et citoyen romain.

A supposer, maintenant, un affranchissement fait par
celui qui n'a plus sur l'esclave que le *nudum jus Quiritium*, il faut dire que cet affranchissement serait nul ;
car celui qui a sur l'esclave seulement le domaine romain, un autre l'ayant dans ses biens, n'a sur lui, ni

____

(1) Gaius, Comm., I, § 167.

l'exercice de la puissance dominiale, ni le droit de l'affranchir (1). Cependant l'affranchissement ne serait dé-
pourvu de tout effet qu'autant qu'il aurait eu lieu *inter
amicos;* fait dans la forme solennelle, il conférerait au
possesseur *in bonis* citoyen romain le dominium ex
jure Quiritium, dont se serait dépouillé le propriétaire
nominal.

Il nous reste pour l'examen de cette deuxième condition à étudier les effets de l'affranchissement fait par un
propriétaire qui n'aurait sur l'esclave qu'une propriété
limitée ou démembrée. La propriété est limitée, lorsque
le maître n'a sur l'esclave qu'un droit indivis ; démembrée, lorsque l'esclave est grevé d'un droit d'usufruit,
de gage ou d'hypothèque.

1° L'esclave appartient à plusieurs maîtres ; affranchi seulement par l'un d'eux, il ne devient pas libre :
cette décision est rationnelle et basée sur cette idée que
nul ne peut vivre en même temps en liberté et en servitude. Mais le principe souffrait des exceptions, et l'on
distinguait le cas où l'esclave affranchi (en supposant
qu'il eût eu un maître unique) fût devenu Latin Junien,
du cas où il serait devenu citoyen romain. Dans le
premier cas, l'affranchissement restait toujours sans effet
et ne portait aucun préjudice aux copropriétaires de
l'esclave ; dans le second cas, il leur profitait, car les
copropriétaires acquéraient *jure accrescendi* la part dont
s'était dépouillé le *manumissor* (2). Cette législation,

<hr>

(1) Gaius., *Comm.* I, § 54 — Veteris jurisconsu'ti, *frag. de manum.,*
§ 11.

(2) Paul, IV, 12, § 1 ; — Ulpien, I, § 18 : « Communem servum unus
« ex dominis manumittendo partem suam amittit ; eaque adcrescit socio;

modifiée d'abord par Septime-Sévère et Caracalla dans le cas d'affranchissement testamentaire fait par un co-propriétaire militaire (1), fut ensuite totalement abrogée par Justinien, qui voulut que dans tous les cas l'esclave devînt libre avec le *socius manumissor* pour patron, sans distinction entre l'affranchissement entre vifs ou par testament (2).

2° L'esclave affranchi est grevé d'un droit de gage ou d'hypothèque. Deux hypothèses sont à considérer : l'esclave peut seul avoir été constitué en gage ; il peut également faire partie d'une constitution générale de gage. Dans la première hypothèse, l'affranchissement ne produira d'effet qu'avec le consentement du créancier gagiste, encore bien que le débiteur serait solvable ; si ce consentement fait défaut, les effets de l'affranchissement resteront en suspens tant que le gage n'aura pas été libéré (3). Dans la seconde hypothèse, par des considérations d'humanité, on permet au maître d'affranchir l'esclave qui fait partie d'un gage général : pourvu toutefois que, conformément à la loi Ælia Sentia, l'affranchissement ne soit pas fait en fraude du créancier, et avec l'intention de lui nuire (4). Dans l'une comme dans l'autre hypothèse, point de difficulté, si le créancier

« maxime si eo modo manumiserit, quo si proprium haberet, civem « Romanum facturus esset : nam si inter amicos eum manumiserit, « plerisque placet eum nihil egisse. » Il y avait donc controverse sur ce point.

(1) L. I pr., C. de comm. serv., VII, 7.

(2) L. unica, § 5, C. de comm. serv., VII, 7.

(3) L. 3 de manum., 40, 1 ; — C. 4 et 5, de servis pignore datis manumissis, C. 7, 8.

(4) L. 27, § 1, D., qui et a quibus, 40, 9.

consent à l'affranchissement; l'esclave devient libre et citoyen romain ou Latin Junien, suivant que les trois conditions énumérées par Gaius se trouvent ou non réunies.

3° L'esclave est grevé d'un droit d'usufruit ou d'usage. Quel est l'effet de l'affranchissement émané soit du nu-propriétaire, soit de l'usufruitier? Deux opinions sont en présence. Dans la première, on donne au cas qui nous occupe une solution analogue à celle que nous avons donnée dans l'hypothèse d'un esclave grevé d'un droit de gage ou d'hypothèque. On décide donc que les effets de l'affranchissement seront suspendus jusqu'à l'extinction de l'usufruit ou y seront subordonnés; ce qui amène les conséquences suivantes : affranchi par le nu-propriétaire, l'esclave deviendra libre en droit, mais, en fait, il restera *in servitute* et au service de l'usufruitier jusqu'à la mort de celui-ci; affranchi par l'usufruitier, il restera *servus*, mais jouira d'une liberté de fait jusqu'au jour où l'usufruit sera régulièrement éteint. En effet, le caractère essentiellement viager et temporaire de l'usufruit ne saurait être un obstacle à l'acquisition de la liberté, en faveur de laquelle on admet des dérogations; et nulle part nous ne voyons l'affranchissement mis au nombre des modes d'extinction de l'usufruit. D'un autre côté, l'affranchissement fait par l'usufruitier ne saurait porter atteinte au droit du nu-propriétaire. Lorsque l'esclave affranchi par le nu-propriétaire devient libre, il est, suivant les cas, citoyen romain ou Latin Junien. A l'appui de cette opinion on invoque des textes formels (L. 9, § 20, D. *de Hœred. instit.*, 28, 5, et la L. 1, C. *Com. de manum.*, VII, 15).

Dans une seconde opinion, on soutient que l'affranchissement émané soit du nu-propriétaire, soit de l'usufruitier, valait renonciation pure et simple de leur droit et constituait une espèce de *derelictio* : c'est-à-dire que fait par le nu-propriétaire, l'affranchissement rendait l'esclave *servus sine domino*; fait par l'usufruitier, il restituait au nu-propriétaire la plénitude de son *dominium*. On invoque dans cette opinion le § 19 des fragments d'Ulpien : « Servus in quo alterius est ususfructus, alterius proprietas, a proprietatis domino manumissus liber non fit, sed servus sine domino est. » Il y a peut-être moyen de concilier cette seconde opinion avec la première, en faisant remarquer que Justinien a introduit en notre matière des innovations qui expliquent la contradiction apparente des textes. La décision d'Ulpien doit être suivie pour l'époque à laquelle il écrivait; de même celle de Justinien pour son époque. Tout ce que nous venons de dire sur l'esclave grevé d'un droit d'usufruit ou de gage serait également applicable au cas où les services *operæ* de l'esclave auraient été légués (1).

Observons enfin, que si l'affranchissement avait eu lieu du consentement de l'usufruitier ou du nu-propriétaire, ce cas ne souffrirait pas plus de difficultés que dans le cas d'affranchissement fait avec le consentement du créancier gagiste par le propriétaire de l'esclave donné en gage; et l'esclave affranchi deviendrait tantôt citoyen romain, tantôt Latin.

Troisième condition. — Aux termes de la loi Ælia

(1) V. Demangeat, p. 533, t. I.

Sentia, pour que l'esclave affranchi devienne citoyen romain, il faut qu'il soit majeur de trente ans; affranchi avant sa trentième année, il devient Latin, à moins que l'affranchissement ne soit fait par la vindicte, en vertu d'une juste cause examinée, et approuvée par le conseil (Gaius, I, § 8).

Pendant les premiers siècles de Rome, la liberté d'affranchir n'avait point de limites; les esclaves étaient peu nombreux et l'intérêt du maître était le seul et en même temps le meilleur des obstacles apportés aux affranchissements. Mais les longues guerres que Rome soutint, en diminuant considérablement la population libre de l'Italie, accrurent le nombre des esclaves dans des proportions considérables; et le nombre des affranchissements alla croissant avec le nombre des esclaves. On avait aussi beaucoup affranchi pendant les guerres civiles, pour ensuite incorporer les affranchis dans les légions et grossir ainsi les rangs de son parti. On affranchissait encore par pure ostentation : pour avoir un entourage de clients, pour se faire suivre après sa mort d'un long cortége funéraire coiffé du bonnet de la liberté. Différentes lois essayèrent de remédier à ce mal, et les lois Ælia Sentia, Fusia Caninia eurent pour but de limiter les affranchissements, ou tout au moins de les rendre plus difficiles, et d'environner de certaines garanties l'acquisition de la qualité de citoyen par les esclaves affranchis.

Plus spécialement, une disposition de la loi Ælia Sentia décida que l'esclave affranchi avant sa trentième année ne deviendrait pas citoyen romain. On estimait qu'à cet âge l'esclave n'avait pu rendre à son

maître des services assez importants pour, avec la li-
liberté, mériter le titre encore précieux à cette époque
de citoyen romain. Mais, comme il pouvait arriver cependant que le don de la liberté fût motivé par d'importants services rendus par l'esclave avant d'avoir
atteint l'âge de trente ans, ou par certaines considérations, on établit plusieurs exceptions qui vinrent mo-
dérer la rigueur de la règle. Etudions d'abord le principe, et nous verrons ensuite les exceptions.

Que devient l'esclave affranchi avant sa trentième
année? Cet esclave devient Latin; c'est du moins ce
que nous dit Gaius (commentaire premier) dans un
paragraphe que nous avons déjà eu occasion de rapporter, et où il énumère les trois conditions nécessaires
pour que l'esclave affranchi puisse acquérir le droit de
cité, et dont l'absence entraîne la latinité (1). Malheureusement ce paragraphe 17 de Gaius est lui-même
contredit par le texte suivant d'Ulpien : « Eâdem lege
cautum est, ut minor triginta annorum servus vindictâ
manumissus, civis Romanus non fiat, nisi apud consilium causâ probatâ fuerit. Ideo sine consilio manumissum Cæsaris servum manere putat; testamento vero
manumissum perinde haberi jubet, atque si domini
voluntate in libertate esset, ideoque Latinus fit (2). »
Il semble résulter de ce texte que si l'esclave âgé de
moins de trente ans a été affranchi *vindictâ* sans l'approbation du conseil, il devient la propriété de l'empereur; qu'au contraire, affranchi *testamento*, il devient

(1) Gaius, l. I, § 17.
(2) Ulp., I, § 12.

Latin. Comme on le voit, le texte d'Ulpien est en contradiction manifeste avec le paragraphe de Gaius. Gaius,
en effet, pose en principe général que l'esclave affranchi
minortriginta annorum devient Latin, sans faire aucune
distinction entre le cas où l'esclave est affranchi *vindictâ*, et le cas où il est affranchi *testamento*. Ulpien,
au contraire, distingue l'affranchissement *vindictâ* et
l'affranchissement *testamento;* au premier cas, l'affranchissement par la vindicte et sans l'approbation
du conseil produit un singulier effet : l'esclave est
attribué à l'empereur. Au second cas, l'affranchissement *testamento* rend l'esclave libre et Latin. Il est
évident que la décision de Gaius est la seule rationnelle, et que la singulière distinction d'Ulpien ne saurait
être acceptée. On se demande, en effet, la raison de
cette distinction entre l'affranchissement *vindictâ* et
l'affranchissement *testamento?* Quel serait en outre
le fondement de l'attribution de l'esclave à l'empereur; et, si l'affranchissement *vindictâ sine justâ causâ
a consilio approbatâ* est nul, pourquoi dépouillerait-on
le maître de la propriété de son esclave?

De nombreuses tentatives ont été faites pour concilier les deux textes et mettre Ulpien d'accord avec Gaius :
pour obtenir ce résultat, on a proposé tantôt des correc-
tions, tantôt des retranchements à opérer dans le texte
d'Ulpien. Zimmern propose de lire senatus au lieu
de Cæsaris (1). Schilling (*Étude critique des fragment d'Ulpien*) remplace le mot *Cæsaris* par *censuve.*

____

(1) Zimmern., t. I, § 2, p. 763, note 15. *Geschichte des Rumischen
Privatrechts.*

Cette dernière correction nous semble bien difficile à admettre; il est peu probable, en effet, qu'Ulpien ait entendu parler de l'affranchissement *Censu*, puisque lui-même nous dit qu'à son époque ce mode d'affranchir était complétement tombé en désuétude : « censu manumittebantur olim qui lustrali censu Romæ, jussu dominorum, inter cives Romanos censum profitebantur (1). » Cujas et avec lui tous les anciens auteurs sont d'avis de supprimer le mot *Cæsaris* et de n'en tenir nul compte. Mais même avec ce retranchement, on arriverait toujours à ce résultat singulier, que l'esclave affranchi *vindictâ sine justâ causâ a consilio approbatâ* demeurerait esclave. Même résultat si l'on admet la correction proposée plus haut par Schilling et si l'on remplace le mot *Cæsaris* par *censuve*, ou même par Cassius, comme on l'a encore proposé (2). Cette donnée est, en outre, inadmissible en présence du texte formel de Gaius (3). Nous préférons adopter la leçon enseignée par M. Demangeat, qui retranche purement et simplement toute la proposition intermédiaire : « Ideo sine consilio manumissum Cæsaris servum manere putat », comme n'appartenant point au texte d'Ulpien, et considère ce membre de phrase comme un simple glossema ou note ajoutée au manuscrit par un glossateur (4 et 5). Cette correction présente le grand avantage de lever toute

(1) Ulp., frag. I, § 8.
(2) Puchta, p. 167, note ; — Hugo, *Histoire du droit*, p. 751.
(3) Gaius, I., § 17 et 18.
(4) Demangeat, p. 188, *Cours élémentaire de droit romain*, 2ᵉ édition.
(5) De Wangerow, *Ueber die Latini Juniani*, § 7, p. 32.

espèce d'antinomie entre le texte de Gaius et le texte d'Ulpien. Les deux jurisconsultes donnent tous les deux la même solution, à savoir : qu'aux termes de la loi Ælia Sentia, l'esclave affranchi avant sa trentième année est Latin, à moins qu'il ne soit affranchi par la vindicte et avec l'approbation du conseil ; et c'est précisément la nécessité de l'approbation du conseil, dans ce dernier cas, qu'Ulpien a voulu indiquer. Sa pensée est celle-ci : L'esclave affranchi *minor triginta annorum*, par la vindicte, ne devient pas citoyen romain mais Latin, à moins que l'affranchissement n'ait été approuvé par le conseil ; affranchi par testament, l'esclave ne peut être que Latin.

Nous savons qu'en principe général l'esclave affranchi avant sa trentième année devient Latin ; nous avons dit également que ce principe souffrait des exceptions : voyons quelles étaient ces exceptions.

1° L'esclave, quoique *minor triginta annorum*, mais affranchi *vindictâ*, avec l'approbation d'une juste cause par le conseil, devient citoyen romain (1). La loi Ælia Sentia prescrit d'abord l'emploi de la vindicte (2), très-probablement parce que le cens à cette époque était déjà inusité, et que si elle eût imposé pour l'affranchissement l'emploi du testament, l'affranchissement n'eût produit d'effet qu'à la mort du maître. En second lieu, il faut une juste cause d'affranchissement, approuvée par le conseil. Le *consilium* dont parle la loi et qui devait autoriser l'affranchissement formait un

____

(1) Gaius, *comm.* I, § 17 et 18.
(2) Ulp., *frag.* I, § 12.

véritable tribunal convoqué par un magistrat ; à Rome,
il se composait de cinq sénateurs et de cinq chevaliers,
sous la présidence du consul ou préteur; dans les
provinces, de vingt récupérateurs, sous la présidence
du proconsul ou propréteur. Le mode de nomination
des membres du conseil est très-controversé; on prétend qu'ils étaient désignés par le magistrat qui présidait, et à l'appui de cette opinion on invoque un texte
susceptible d'interprétations diverses : Consul consilii
causam examinat (1). Ce qui est plus certain, c'est que
ce conseil se réunissait à certaines époques déterminées, dans certaines villes, et tenait des espèces d'as-
sises, ou *conventus* (2). L'autorisation du conseil était
nécessaire dans deux cas : premièrement, dans le cas
où l'esclave était âgé de moins de trente ans, pour qu'il
pût devenir libre et citoyen romain ; deuxièmement,
dans le cas d'affranchissement fait par un maître mineur
de vingt ans, pour que l'affranchissement fût valable.
Nous n'avons à nous occuper que du premier de ces
cas, et à parcourir rapidement les justes causes dont
l'approbation par le conseil emportera autorisation d'affranchir.

Disons d'abord que ces justes causes sont motivées
tantôt par les services rendus au maître, tantôt par
l'affection du maître pour l'esclave. Tels sont les cas
où le maître veut affranchir son père ou sa mère,

(1) Voyez, pour cette question, MM. Giraud et Laboulaye, *Tables de
Salpensa et de Malaga expliquées*, et M. Accarias, t. I, p. 129, note 6
sur la L. 1, § 2, *de Off. cons.* (1, 10).

(2) Gaius, *Comm.* I, § 20. — Ulp., frag. I, § 13. — Théophile,
Paraphrase.

son fils ou sa fille, son frère ou sa sœur, son précep-
teur, sa nourrice, son frère de lait (1). Mais comment
peut-il se faire qu'un homme libre ait sous sa puissance
son père ou sa mère, un membre de sa famille? Théophile nous l'apprend : un fils qui est en servitude avec
son père ou sa mère, est affranchi et institué héritier
par son maître; il devient alors propriétaire de ses
parents. Il y a encore *justa causa manumissionis*, dit
Marcien (2), lorsque le maître affranchit une esclave
pour l'épouser, *matrimonii causâ*. Le maître devait
alors s'engager sous serment à épouser l'affranchie dans
les six mois ; de sorte que pendant ces six mois et jusqu'au mariage la femme était *statulibera*. D'où cette question : Quelle serait la condition de l'enfant mis au
monde pendant ces six mois? La condition de l'enfant
restera en suspens, *in pendenti*, et suivant que le mariage
aura ou n'aura pas eu lieu, l'enfant sera libre ou
esclave (3). L'affranchissement était nul et non avenu
si le maître n'épousait pas l'affranchie dans le délai fixe
(*si intra sex menses uxor non ducatur*) (4), à moins
cependant que la survenance d'un empêchement légal
ne vînt l'en dispenser; empêchement postérieur, bien
entendu, à la manumission (5). Il y avait empêchement si le maître était élevé, par exemple, à la dignité
de sénateur.

Au nombre des *justæ causæ* on place également le

(1) Just., *Inst.*, § 5., *Qui quibus ex causis* (1-6).
(2) Marcien, frag. XIV, in fine (*De Manum. vind.*).
(3) L. 19 (*De Manum. vind.*).
(4) Ulp., frag. XIII (*De Manum. vind.*).
(5) Marcien., frag. XIV (*De Manum. vind.*).

cas où le maître affranchissait l'esclave pour le charger de ses affaires (*procuratoris habenti gratiâ*) ; mais, dans cette hypothèse, l'esclave ne pouvait être affranchi avant l'âge de dix-sept ans, parce que c'est à cet âge seulement qu'il était permis de postuler pour autrui (1). L'énumération que nous venons de faire n'est point limitative, et le conseil avait plein pouvoir pour admettre d'autres *justæ causæ manumissionis*. Une fois l'affranchissement consommé, la liberté était irrévocablement acquise, que la cause invoquée fût vraie ou fausse, que le conseil eût été trompé ou non : Semel causâ probatâ, sive vera sit, sive falsa, non retractatur (2). Il était bien permis sans doute de contester le motif invoqué devant le conseil, dit encore Marcien, mais on n'avait pas la ressource ordinaire de l'appel.

2° L'esclave *minor triginta annorum*, affranchi et institué héritier par son maître, dans son testament, devient citoyen romain. Si, dans cette hypothèse, on eût strictement appliqué la loi à l'esclave affranchi avant sa trentième année, cet esclave fût devenu seulement Latin et n'eût pu recueillir l'hérédité du maître. Mais si le maître est insolvable, ses biens seront vendus sous son nom. La loi Ælia Sentia lui épargne cette honte, elle décide que l'esclave affranchi et institué héritier par testament avant sa trentième année devient non pas Latin, mais citoyen romain. L'affranchi recueillait donc l'hérédité ; il devenait héritier nécessaire, c'est-à-dire héritier malgré lui, et les biens du

(1) Ulp., frag. II et III (*De Post.*).
(2) Instit., § 6 (*Qui quibus ex causis*).

maître étaient vendus sous son nom : « Minor triginta annorum servus, manumissione potest cívis Romanus fieri, si ab eo domino qui solvendo non erat testamento liber et heres relictus sit (1). » Mais si la loi protége le testateur insolvable, elle protége également ses créanciers, et il n'est permis d'affranchir et de rendre citoyen romain de cette manière qu'un seul esclave âgé de moins de trente ans. Observons encore que l'esclave héritier nécessaire ne devient libre et citoyen romain pour recueillir l'hérédité qu'autant qu'il n'y a aucun autre héritier institué dans le même testament.

3° Il nous reste à examiner une dernière hypothèse. L'esclave mineur de trente ans ne devenait-il pas également citoyen romain et non Latin, si au lieu d'être institué héritier, il était nommé tuteur par testament? Sous Justinien, l'esclave nommé tuteur devient libre et citoyen romain en vertu du testament, quoique *minor triginta annorum*. On considère la manumission comme sous-entendue ; c'est ce qui ressort avec précision du paragraphe suivant des Instituts : « Servus proprius testamento cum libertate, recte tutor dari potest ; sed sciendum est eum et sine libertate tutorem datum, tacite libertatem accepisse et per hoc recte tutorem esse (2). » Mais en était-il de même dans l'ancien droit, et devons-nous également décider que, sous l'empire de la loi Ælia Sentia, l'esclave *tutor testamento datus* devenait libre, citoyen romain et tuteur, quoique mineur

____

(1) Gaius., I, § 21.
(2) Inst., § 1. (*Qui testam. tut dari poss.*)

de trente ans? La négative semble devoir être admise en
présence d'un grand nombre de textes desquels il résulte
qu'une pareille nomination de tuteur, sans déclaration
expresse d'affranchissement, ne contenait qu'un legs fidéicommissaire de la liberté, *libertas fideicommissaria*, à
la charge de l'héritier (1), et il est donc plus que probable que l'esclave ainsi affranchi, alors surtout qu'il
était mineur de trente ans, ne devenait que Latin et ne
pouvait par conséquent être tuteur. Pour l'affirmative,
on invoque un texte de Paul au Digeste, texte qui est
en complète contradiction avec ce que nous venons de
dire, et d'où il résulte que, sous l'empire de la loi Ælia
Sentia, l'esclave minor triginta annorum nommé tuteur par testament devenait non pas Latin mais citoyen
romain, exactement comme s'il eût été institué héritier
nécessaire. « Lucius Titius heredes instituit filios suos
pupillaris ætatis eisque tutores his verbis dedit : filiis
meis tutores sunto Gaius Mœvius et Lucius Eros. Cui
Eroti libertatem non dedit; fuit autem Eros intra XXV
annos. Quæro an possit libertatem sibi vindicare.
Paulus respondit quoniam placet eum qui a domino
tutor datus est libertatem quoque meruisse videri : eum
quoque de quo quæritur, in eâdem causâ habendum et
liberum quidem ab aditâ hereditate esse, tutelâ tamen post
legitimam ætatem onerari (2). » A supposer que ce texte
n'ait pas été remanié par les commissaires de Justinien,
voici comment il faudrait l'entendre pour en tirer un argument en faveur de l'affirmative. Paul décide que la

(1) V. Ulp., L. 10, § 4 (*De Testam. tut.*).
(2) Paul., L. 3, § 2 (*De Testam. tut.*).

nomination de l'esclave comme tuteur suppose implicitement le legs fidéicommissaire de la liberté ; l'héritier, dès qu'il aura fait adition, affranchira l'esclave.
Mais l'esclave a moins de trente ans, il ne peut donc
devenir citoyen romain ni tuteur? Il n'importe, la da-
tion de tutelle est une juste cause d'affranchissement,
l'héritier la fera approuver par le conseil et l'esclave
affranchi deviendra quoique minor triginta annorum
citoyen romain, ce qui lui permettra d'être tuteur.
Cette manière d'interpréter le texte est confirmée par
les termes mêmes dont se sert le jurisconsulte : « Quoniam placet eum qui a domino tutor datus est, libertatem quoque meruisse videri. » Nous trouvons donc
une troisième et dernière exception au principe que
l'esclave affranchi avant sa trentième année devient
Latin.

En terminant l'étude des cas où l'esclave affranchi
devient Latin, faisons remarquer qu'une réaction favorable aux esclaves a engendré les deux premières
causes de latinité, qu'une réaction défavorable a engendré la troisième. Si dans les deux premiers cas l'esclave devient Latin, c'est par la volonté du maître, qui,
ne voulant pas avoir son esclave pour égal, emploie à
dessein un mode d'affranchissement non solennel, ou
qui, n'ayant pas le *jus Quiritium*, néglige de l'acquérir
par la possession d'une année. Dans la troisième cas, au
contraire, si l'esclave devient Latin, c'est malgré la volonté du maître, qui ne peut le vieillir, ni créer à sa
volonté des *justæ causæ* (1).

1) M. Accarias, *Précis de droit romain*, p. 112, § 62.

CHAPITRE III.

CONDITION JURIDIQUE DES AFFRANCHIS LATINS JUNIENS PENDANT LEUR VIE, ET DÉVOLUTION DE LEUR PATRIMOINE APRÈS LEUR MORT.

Nous savons quand l'affranchi est Latin; étudions maintenant la condition de cet affranchi, et voyons quelles différences séparent sa condition de celle de l'affranchi citoyen romain. Pour cette étude, nous suivrons l'ordre du Commentaire de Gaius, qui, de concert avec Ulpien, nous en fournira tous les détails.

Deux principes règlent la condition du Latin Junien, que Justinien nous représente comme inférieure : Qui manumittebantur... modo minorem libertatem consequebantur, et Latini ex lege Junia Norbanâ fiebant (1), et qu'avant lui Salvien désignait par ces mots : jugum latinæ libertatis, latinæ libertatis vinculum (2). Pendant sa vie, l'affranchi latin est assimilé au Latin coloniaire, c'est-à-dire au citoyen romain qui entrait dans une colonie latine, et jouit en général des mêmes droits privés, sauf de ceux dont la jouissance lui est retirée. Après sa mort, ou plutôt au moment même de sa mort, l'affranchi latin est assimilé à un esclave et perd tous les droits dont la jouissance viagère lui avait été concédée.

(1) *Inst.*, l. V, § 3.
(2) Salvien, *Contra avaritiam*, lib. III, cap. VII.

1º Assimilation de l'affranchi pendant sa vie au Latin coloniaire. Cette assimilation n'avait lieu que pendant la vie de l'affranchi, bien cependant que Gaius et Dosithée s'expriment en termes généraux et sans faire de distinction. Dans l'ordre politique, les Latins Juniens n'ont ni le *jus suffragii* ni le *jus honorum*; de même encore que les Latins coloniaires, ils n'ont pas le *jus connubii* (1). En conséquence, l'enfant né de l'union d'un Romain avec une Latine naissait Latin, conformément à la règle que : l'enfant suit la condition de la mère lorsqu'il n'y a pas *connubium* et sauf la ressource de l'*erroris causæ probatio* (2). Mais que décider quant à l'enfant né de l'union d'un affranchi latin avec une *civis Romana* ? Si nous appliquons la loi Mensia, rendue sous Auguste, il faut dire que cet enfant suivait la pire condition, c'est-à-dire celle de son père (3). La loi Mensia était certainement applicable dans le cas où le père était *peregrinus* ou *Latinus veter ;* mais les lacunes qui existent malheureusement dans le paragraphe 79 du manuscrit de Vérone ne nous permettent pas de dire d'une façon certaine, si sous Auguste, la loi Mensia s'appliquait également dans le cas où le père affranchi latin avait un enfant issu de son union avec une *civis Romana.* Toutefois, il est constant qu'à partir d'un sénatus consulte rendu sous Adrien, et par dérogation à la loi Mensia, l'enfant né d'un affranchi latin et d'une *civis Romana* naissait citoyen romain : « Hoc jure utimur ex senatus-

(1) Gaius, § 57.
(2) Gaius, § 67.
(3) Ulp., frag., § 8.

consulto, quo auctore divo Hadriano significatur, ut omni modo ex Latino et cive Romanâ natus, civis Romanus nascatur (1). »

L'affranchi latin n'avait pas la *patria potestas* sur ses enfants, non pas seulement parce que le *connubium* lui faisait défaut, mais encore parce qu'il n'était pas citoyen romain ; la *patria potestas* est, en effet, un privilége attaché à la qualité de citoyen. De même encore, le Latin ne jouissait pas du droit d'agnation et des avantages y attachés. Mais si l'affranchi latin n'avait ni le *connubium*, ni la *patria potestas*, en revanche il avait le *commercium* ou pouvoir d'acquérir par la mancipation la propriété reconnue par le droit civil et d'en disposer conformément à cette loi ; c'est même là ce qui distinguait le Latin Junien de pérégrin, et ce qui a permis à M. de Savigny de dire avec raison que les Latins Juniens avaient un demi-droit de cité (2). Le Latin avait encore pendant sa vie un autre droit très-précieux, le droit d'acquérir, par certains modes que nous étudierons plus loin, la qualité de citoyen romain qui lui faisait défaut, et de compléter ainsi sa capacité. Il nous paraît convenable d'ajourner pour le moment l'étude de ces divers modes, et suivant toujours l'ordre du *Commentaire* de Gaius, d'examiner d'abord la condition du Latin Junien au moment de sa mort.

2° Assimilation de l'affranchi latin au moment de sa mort à l'esclave. — Voyons comment s'effectuait cette

(1) Gaius, I, § 80.
(2) Ulp , frag. XIX, § 4 — V. Savigny, t. II, ch. II, p. 31 (*Des Personnes considérées comme sujets des rapports de droits.*)

assimilation. Le Latin, avons-nous dit, avait le *commercium*; par une conséquence naturelle, il eût dû avoir la *factio testamenti* active ou droit de faire son testament, et la *factio testamenti* passive ou droit d'être institué héritier par testament. Mais la loi Junia lui enleva expressément le premier de ces droits, c'est-à-dire la *factio testamenti* active, et lui laissa le second ou *factio testamenti* passive, mais en annihilant les effets dans une large mesure par un détour indirect, par la privation du *jus capiendi ex testamento* (1). C'est en faisant allusion à cette double incapacité que Justinien nous dit dans ses Instituts que, lors de leur dernier soupir, les affranchis latins perdaient à la fois la vie et la liberté : « In ipso ultimo spiritu simul animam atque libertatem amittebant (2). »

Antérieurement à la loi Junia, l'affranchissement, lorsqu'il avait eu lieu *inter amicos* ou lorsque le maître n'était pas *dominus ex jure Quiritium*, était nul, mais en fait l'esclave vivait en liberté sous la protection du préteur. Tout ce que l'esclave acquérait alors pendant sa vie était recueilli au moment de sa mort par son maître, nous dit Gaius. Quand la loi Junia vint régulariser la situation de l'affranchi en l'assimilant aux Latins coloniaires, elle n'osa pas dépouiller le maître d'un droit aussi avantageux, et maintint l'ancien état de choses. Il fut donc formellement défendu au Latin de faire un testament. Le Latin Junien n'a point d'héritiers, et, à proprement parler, il ne laisse pas de succession; tous

(1) Gaius, 1, § 23.
(2) Inst., 3, 7, 4.

les biens qu'il acquiert, de quelque manière que ce soit, sont, comme autrefois, la propriété du patron, qui les reprend à sa mort *jure peculii*, exactement comme il reprendrait à un esclave ordinaire le pécule qu'il lui aurait confié : « Legis Juniæ lator necessarium existimavit, ne beneficium istis datum in injuriam patronorum converteretur, cavere ut bona defunctorum proinde ad manumissores pertinerent, ac si lex lata non esset : itaque jure quodammodo peculii bona Latinorum ad manumissores eorum pertinerent (1). » Au contraire, lorsqu'il s'agissait d'un affranchi citoyen romain, c'était par droit de succession que le patron recueillait ses biens. Mais si la loi Junia retire à l'affranchi latin le droit de faire un testament, elle lui laisse une des conséquences inutiles du *commercium*, la faculté de figurer dans un testament : « Latinus Junianus et familiæ emptor et testis et libripens fieri potest; quoniam cum eo testamenti factio est (2). » A propos de la faction de testament, notons une différence entre le Latin Junien et le Latin coloniaire; ce dernier a le droit de disposer de ses biens par testament.

Le droit du patron sur les biens que l'affranchi latin laissait à sa mort était si absolu que, même *vivente adhuc Latino*, il pouvait en disposer par avance; c'est ce qui ressort avec évidence d'un passage d'une lettre de Pline le Jeune (3). Le principe que c'est par droit de pécule que le patron prend les biens de l'affranchi

(1) Gaius, III, § 56.

(2) Ulp., frag. XX, § 8.

(3) *Valerius Paulinus, excepto uno, jus Latinorum suorum mihi reliquit.* Pline le Jeune (livre X), ep. 105.

latin à sa mort engendre des différences nombreuses entre la succession de cet affranchi et la succession de l'affranchi citoyen romain. Ainsi l'hérédité de l'affranchi citoyen n'était jamais dévolue aux héritiers externes du patron, elle ne pouvait être recueillie que par ses petits-enfants, par les mâles, alors même qu'ils avaient été exhérédés. Au contraire, les héritiers externes du patron prenaient la succession de l'affranchi latin, comme ils auraient pris le pécule d'un esclave; les enfants du patron, lorsqu'ils avaient été exhérédés, ne pouvaient prétendre à cette succession (1). De même encore, la succession de l'affranchi citoyen se partageait également entre ses différents maîtres, encore que leurs parts de propriété fussent inégales; au contraire, les biens de l'affranchi latin se partageaient entre ses patrons proportionnellement à la part de propriété qu'ils avaient eue sur lui (2). Ces différences n'étaient pas les seules : supposons par exemple, que l'un des patrons de l'affranchi citoyen romain vienne à mourir en laissant un fils, ce fils est exclu de la succession de l'affranchi par le patron survivant; tandis que dans la même hypothèse les biens de l'affranchi latin se partagent également entre le patron survivant et l'héritier de l'autre (3). Si les patrons de l'affranchi citoyen laissent un nombre inégal d'héritiers, le partage a lieu par têtes; en pareille circonstance, le partage le la succession de l'affranchi latin se fait par

(1) Gaius, III, § 58.
(2) Gaius, III, § 59.
(3) Gaius, III, § 60.

souches (1). L'un des patrons de l'affranchi citoyen renonce à sa succession ou meurt avant d'avoir fait adition, sa part accroît aux autres patrons; la part du renonçant à la succession de l'affranchi latin devient caduque et est dévolue à l'État (2). Toutes ces différences avaient la même cause; elles étaient la conséquence du principe que c'était *jure peculii* et non *jure successionis* que le patron recueillait les biens de l'affranchi latin à sa mort.

Un sénatusconsulte Largien, rendu sous le règne de Claude, an 42 de l'ère chrétienne, vint modifier cette législation, et décida que l'hérédité du Latin Junien serait recueillie même par les enfants que le patron aurait exhérédés, *uti quisque proximus esset*, pourvu toutefois qu'ils ne l'eussent pas été nominativement (3). Il ne faudrait pas croire cependant qu'à partir de ce sénatus-consulte, il y ait eu assimilation complète entre l'affranchi latin et l'affranchi romain en ce qui concerne la dévolution des biens. Tel avait été pourtant l'avis de Pegasus; mais Gaius proteste contre cette erreur, et nous dit que toutes les autres différences que nous avons indiquées entre la succession de l'affranchi latin et celle de l'affranchi romain subsistent (4).

Revenons maintenant à la seconde incapacité que nous avons indiquée, et qui résulte de l'assimilation du Latin Junien, à sa mort, à un esclave. La loi Junia laisse à l'affranchi latin la faction de testament passive, mais

(1) Gaius, III, § 61.
(2) Gaius, III, § 62.
(3) Gaius, III, § 63.
(4) Gaius, III, § 65, 66, 67 et suivants.

elle lui enlève le *jus capiendi ex testamento* (1). Les
Latins Juniens, qui à l'i   'ar des *cælibes* étaient privés
absolument du *jus capie.   hered::ales vel legata*, furent
encore plus tard égaleme... déclarés incapables de recueillir une donation à cause de mort. La date de cette
innovation nous est inconnue; cependant, un fragment
de Paul, extrait de ses Commentaires sur les lois Julia et
Papia, la loi 35 pr., nous apprend qu'elle fut introduite
par le sénat : « Senatus censuit, placere mortis causâ
donationes factas in eos quos lex prohibet capere, in
eâdem causâ haberi in quâ essent quæ testamento his
legata essent quibus capere per legem non liceret. »
Cette assimilation des donations aux legs nous est aussi
nettement indiquée par le paragraphe 259 des *Vaticana
fragmenta*, texte que M. de Vangerow attribue à Papi-
nien et M. Machelard à Paul. Cette interdiction pour les
Latins Juniens de la faculté de recevoir des donations
à cause de mort est d'ar.tant plus remarquable, que,
comme nous le verrons plus loin, ils conservèrent la
faculté de *capere ex fideicommisso*, retirée aux céliba-
taires. De quelle utilité pouvait être la faction de testament passive pour le Latin sans le *jus capiendi ex testamento?* Elle lui était très-utile dans deux cas; car elle
lui permettait de recueillir la succession s'il devenait
citoyen romain avant la mort du testateur, ou dans l'intervalle de la crétion, c'est-à-dire dans les cent jours
qui suivaient cette mort : « Latinus Junianus, dit Ulpien,
si quidem mortis testatoris tempore vel intra diem cre-
tionis civis Romanus sit, heres esse potest; quod si La-

(1) Gaius, 1, § 23.

tinus manserit, lege Junia capere hereditatem prohibetur. » Il est en effet permis d'instituer une personne qui n'a pas le *jus capiendi ex testamento*, pour le cas où elle l'acquerra ; et comme nous verrons plus loin que les Latins pouvaient devenir très-facilement citoyens romains et acquérir ainsi le *jus capiendi*, il s'ensuit que pour eux la faction de testament passive n'était pas un vain droit. Si au contraire les Latins Juniens n'avaient pas eu la faction de testament passive, leur institution étant nulle dès le principe, ils n'auraient pas pu recueillir la succession, alors même qu'ils fussent devenus citoyens romains avant la mort du testateur. Ajoutons que privés du *jus capiendi ex testamento*, ils pouvaient *capere ex fideicommisso* (1). De même, si le Latin ne pouvait être nommé tuteur par testament (2), il ne faudrait pas en conclure qu'il ne pût l'être autrement (3). Mais alors, de quelle tutelle le Latin aurait-il pu être investi? Nous venons de voir que ce n'est pas de la tutelle testamentaire, ce n'est pas davantage de la tutelle légitime : reste donc la tutelle dative, et c'est très-probablement

(1) Quand les fidéicommis furent devenus obligatoires sous Auguste, rien n'empêcha un Latin d'en recueillir (Gaius, I, § 24). Le testateur n'eut donc qu'à disposer dans cette forme pour rendre vaine la prohibition de la loi *Junia Norbana*. Il y a bien là, dit M. Accarias (*Précis de droit romain*, p. 113, n. 1), une nouvelle raison de croire que cette loi remonte à l'an 671 ; car son esprit étant que le Latin ne puisse recueillir en tant que Latin, si elle n'eût été rendue qu'en 772, c'est-à-dire sous Tibère, il est fort probable que, créant cette incapacité, elle n'eût pas laissé subsister un moyen indirect de l'éluder à sa volonté.

(2) « Nec tamen illis permittit lex Junia..... tutores testamento dari. » Gaius, I, § 23.

(3) *Fragmenta Vaticana*, § 193.

de cette tutelle que, d'après les *Fragmenta Vaticana*, le Latin Junien peut se faire excuser, *exemplo civium Romanorum* (1).

Nous avons encore à examiner diverses questions qui se rattachent à l'étude de la condition juridique des Latins Juniens. En supposant que l'affranchi latin soit impubère, il aura pour tuteur son patron. Mais qui sera son tuteur si, affranchi avant sa puberté, il est devenu Latin, parce que l'affranchissant n'avait pas sur lui le *dominium ex jure Quiritium?* Sera-ce le patron, propriétaire bonitaire, ou le *dominus ex jure Quiritium?* Gaius (§ 167) nous répond que le *dominus ex jure Quiritium* aura la tutelle : « Sed Latinorum et Latinarum impuberum tutela ad eos quorum ante manumissionem fuerunt pertinet. Quod si ancilla ex jure Quiritium tua sit, in bonis mea, a me quidem solo, non etiam a te manumissa, Latina fieri potest et bona ejus ad me pertinent sed ejus tibi tutela competit. » Cette décision est peut-être conforme à la rigueur des principes, mais elle est en contradiction avec cette autre règle de la tutelle légitime des agnats : Ubi emolumentum successionis, ibi et onus tutelæ; ici, au contraire, le propriétaire bonitaire recueille les biens et la tutelle incombe au *dominus ex jure Quiritium.*

A supposer maintenant un affranchi latin non-seulement pubère mais encore qui a des enfants, quelle est la condition de ses enfants? Il faut distinguer : si les enfants sont nés avant l'affranchissement de leur père, ils restent sous la puissance du maître; s'ils sont nés après

(1) *Frag. Vaticana.*

l'affranchissement, ils deviennent libres et ingénus. C'est ici le moment de traiter la question que nous avons réservée dans notre chapitre premier. Avant la loi Junia, l'enfant né après l'affranchissement *inter amicos* de son père, naissait-il libre ou esclave? La connaissance que nous possédons maintenant de l'esprit de la loi Junia nous permet de résoudre la question. Cette loi est venue combler une lacune de la législation romaine et transformer en liberté légale la liberté de fait dont jouissaient depuis longtemps les esclaves affranchis par un mode privé, ou par un maître qui n'était pas propriétaire *ex jure Quiritium ;* à part cette réforme nécessaire, elle n'a rien innové, et elle s'est bornée à consacrer purement et simplement un état de choses depuis longtemps existant. Sous l'empire de la loi Junia, l'enfant né postérieurement à l'affranchissement de son père naît libre ; concluons-en donc qu'antérieurement à cette loi, l'enfant naissait également libre. Empruntons enfin à M. de Savigny une dernière observation : les restrictions anomales des droits des Latins Juniens ne touchaient que leurs personnes ; leurs enfants avaient tous les droits des Latins ordinaires, et pour eux le titre de Latins n'était pas un vain nom (1).

En résumant cette étude de la condition juridique des Latins Juniens, nous dirons : qu'à la différence des affranchis citoyens romains (2), ils n'avaient ni le

(1) Savigny, *Des Personnes considérées comme sujets des rapports de droit*, t. II, ch. II, p. 31.)

(2) Les affranchis citoyens romains n'avaient pas le *jus honorum* (V. la loi Visellia, an de Rome 777); ils n'out jamais eu le *jus suf- frajii*, si ce n'est dans les tribus rustiques *rusticis tribubus* (Tite-

connubium, ni le droit de tester, ni le *jus capiendi ex testamento*, ni le droit d'être nommés tuteurs par testament, mais qu'à la différence des pérégrins, ils avaient le *commercium*. Les Latins Juniens occupaient donc une situation intermédiaire entre les citoyens et les pérégrins, ils avaient moins de droits que les citoyens, mais plus que les pérégrins.

CHAPITRE IV

DES DIVERS MODES PAR LESQUELS LES LATINS JUNIENS ACQUIÈRENT LE DROIT DE CITÉ.

La condition du Latin Junien, meilleure que celle du pérégrin, inférieure à celle de l'affranchi citoyen et même à celle du Latin coloniaire auquel on l'avait assimilé, n'était pas irrévocable, mais au contraire très-facilement susceptible d'améliorations. Ulpien, en effet, énumère huit modes par lesquels le Latin Junien pouvait acquérir le droit de cité, ce nombre même nous indique que la loi était très-favorable à l'acquisition du droit de cité; et que le plus souvent la latinité n'était qu'une situation transitoire.

Avant d'entreprendre l'étude de ces divers modes dans l'ordre où Ulpien nous les fait connaître, nous remarquerons la corrélation intime et logique qui existe

Live, XL, V, 23); et ce fut seulement une loi Julia, rendue sous Auguste, qui leur accorda le *connubium* .

entre la cause de l'acquisition du droit de cité par l'esclave, et la cause de sa latinité. La latinité a sa cause dans deux principes ; l'acquisition de la cité repose sur deux principes correspondants. Ainsi, tantôt c'est le vice de la propriété du maître ou du mode d'affranchissement employé par lui qui rend l'esclave Latin: si ce vice est purgé, par une conséquence toute naturelle, l'affranchi devient citoyen romain. Tantôt c'est l'âge de l'esclave, et par suite le peu d'importance des services par lui rendus à son maître, qui l'empêchent d'acquérir la qualité de citoyen; s'il vient à rendre des services à l'État, il est encore tout naturel qu'il devienne citoyen romain.

Au premier rang des modes d'acquérir la cité, Ulpien place le *beneficium principale*. Le *beneficium principale* était la concession, faite par le prince, du droit de cité (1). Le plus souvent, c'était une récompense accordée au militaire qui était resté au service un certain nombre d'années. Un rescrit délivré par Vespasien à des militaires, et contenant concession de ce bénéfice, nous en fait connaître exactement les effets : « Ipsis liberis, posterisque eorum Vespasianus dedit et connubium cum uxoribus quas tunc habuissent, cùm est civitas eis data, aut si qui cælibes essent cum iis quas postea duxissent. » Le *beneficium principale* ne pouvait porter atteinte aux droits du patron, et Trajan avait décidé dans une constitution, que si la concession avait été faite à l'insu du patron ou contre sa volonté, *ignorante vel invito patrono*, il conserverait tous ses droits à la

____

(1) Les textes disent *jus Quiritium*, ces mots sont évidemment synonymes de civitas.

suscession de l'affranchi et pourrait toujours venir les prendre *jure peculii*. En pareil cas, l'affranchi élevé à la dignité de citoyen ro... in n'avait pas le droit de tester. Cependant Gaius (*Comment.*, III, § 72) nous apprend que l'affranchi pouvait faire un testament, mais à la condition d'instituer le patron héritier; ce n'était que subsidiairement et en cas de refus du patron, qu'une autre personne instituée pouvait recueillir la succession. Un sénatusconsulte rendu sous Adrien modifia toute cette législation et permit à l'affranchi de compléter sa capacité et d'acquérir la *factio testamenti*, soit par la *causæ probatio*, soit par l'*erroris causæ probatio* (Gaius, *Comment.*, III, § 73).

Ulpien nous cite en second lieu, mme mode d'acquérir la cité, le mode *liberis;* nous croyons que, sous cette expression, il comprend non-seulement la *causæ probatio*, mais encore l'*erroris causæ probatio*.

On donnait le nom de causæ probatio à une procédure d'une nature toute particulière, au moyen de laquelle et sous le concours de certaines conditions, le Latin acquérait pour lui et son enfant, quelquefois même pour sa femme lorsqu'elle ne l'avait pas, la qualité de citoyen romain (1). On employait la *causæ probatio* dans le cas où l'affranchi latin avait épousé soit une Romaine, soit une Latine Junienne ou coloniaire. Elle exigeait le concours de ces trois conditions : 1° le mariage devait avoir eu lieu en présence de sept témoins, citoyens romains et majeurs; 2° dans le but

____

(1) V. Bethmann-Holweg, *de Causæ probatione*.

d'avoir des enfants *liberorum quærendorum causâ* (1);
3° présentation au magistrat d'un enfant issu du mariage et âgé d'un an, *anniculus* (2). Le Latin qui avait
fait la preuve de ces trois conditions acquérait, comme
nous l'avons dit, pour lui, son enfant et sa femme, s'ils
ne l'avaient pas, la qualité de citoyen romain. Nous savons, en effet, que lorsque la mère est Romaine, aux
termes d'un sénatusconsulte rendu sous Adrien, l'enfant est *civis romanus* comme sa mère (3). L'enfant
était dit *anniculus*, non pas le jour de sa naissance,
mais trois cent soixante-cinq jours après, et le calcul se
faisait non pas d'heure à heure, *de momento ad momentum*, mais de jour à jour *de die ad diem*. Il suffisait, pour que l'enfant fût réputé *anniculus*, que le
trois cent soixante-cinquième jour anniversaire de sa
naissance fût commencé, le jour commencé comptant
pour un jour plein, *sexagesimo trece ntesimo incipiente plane, non exacto die* (Paul, *frag.* 134. *Dig., de
Verborum significatione, ad legem Juliam et Pappiam*).
Si le Latin venait à mourir avant que son enfant eût
atteint l'âge d'un an, la femme latine pouvait invoquer
la *causæ probatio*, *causam probare* et devenir ainsi
citoyenne romaine, sic et ipsa flet civis Romana (Gaius,
Comm., I, § 32). Il paraît peu probable que la *causæ*

<hr>

(1) M. Accarias pense que ces expressions signifient, que le mariage doit être contracté entre personnes présumées capab'es d'avoir
des enfants ensemble. Ainsi, le mariage d'un Latin âgé de moins de
soixante ans avec une femme quinquagénaire ne serait pas pris en
considération (Arg., Ulp., XVI, § 3).

(2) G.ius, *Comm.*, I, § 29.

(3) *Ibidem*, § 30.

probatio fût applicable au cas où une Latine avait épousé un citoyen romain, c'est du moins ce que l'on peut induire du silence de Gaius et des autres jurisconsultes sur cette hypothèse. Les §§ 69 et 70 du *Commentaire* de Gaius fournissent même un argument à *contrario* à l'appui de cette opinion. Dans ces deux paragraphes, Gaius, traitant de l'*erroris causæ probatio*, accorde ce bénéfice au citoyen romain qui par erreur a épousé une Latine, mais il a bien soin de l'accorder également à la Latine qui par erreur a épousé un pérégrin. Au contraire, dans le § 66, où il traite de la *causæ probatio*, il passe sous silence l'hypothèse d'une Latine qui aurait contracté mariage avec un Romain.

La *causæ probatio* produit les effets suivants. Le Latin acquiert pour lui, et suivant les cas, pour sa femme et son enfant, le droit de cité (Gaius, I, § 29 à 32); les noces qu'il a contractées deviennent de justes noces, *justæ nuptiæ;* le Latin étant citoyen romain acquiert encore la *patria potestas* sur les enfants à naître du mariage. Mais la *causæ probatio* n'a-t-elle pas un effet rétroactif? En d'autres termes, le père acquiert-il également la puissance paternelle sur l'enfant déjà né? Le silence des textes permettait autrefois de controverser cette question, et l'on tirait un argument *a contrario* du § 4 du titre VII des fragments d'Ulpien, paragraphe où Ulpien ne nous montre la puissance paternelle acquise au père, sur l'enfant déjà né, que dans le cas de l'*erroris causæ probatio*. Mais aujourd'hui le doute n'est plus permis, depuis la découverte du manuscrit de Gaius, et il est certain que par la *causæ probatio* le père acquérait aussi la *patria potestas* sur l'enfant déjà né :

Simul ergo eum in potestate suâ habere incipit (Gaius, § 66).

On a cru pendant longtemps que la *causæ probatio* avait été introduite par la loi Junia, et cette croyance avait été motivée également par le § 3, des fragments d'Ulpien, tit. III (1). Ulpien, dans ce paragraphe, rattache la *causæ probatio* aux dispositions de la loi Junia. Mais le manuscrit de Gaius nous a encore révélé l'origine véritable de la *causæ probatio*, et nous savons maintenant que c'est la loi Ælia Sentia qui l'a établie d'abord, en faveur des esclaves affranchis avant leur trentième année (2). Un sénatusconsulte Pégasien en étendit ensuite, plus tard, le bénéfice à tous les autres Latins : « Hoc tamen jus adipiscendæ civilatis romanæ, etiamsi soli minores triginta annorum et Latini facti ex lege Ælia Sentia habuerunt, tamen postea ex senatusconsulto quod Pegaso et Pusione consulibus factum etiamsi majoribus triginta annorum manumissis Latinis factis concessum est (Gaius, I, § 31). » Si donc Ulpien attribue l'origine de la *causæ probatio* à la loi Junia, ce ne peut être que par suite d'une erreur de copiste; il reconnaît d'ailleurs lui-même, § 4, tit. VII, que c'est la loi Ælia Sentia qui l'a introduite. Disons, en terminant, que la *causæ probatio* avait été créée dans un but analogue à celui des lois Julia et Pappia Poppæa :

(1) Conf. Pithou, *Ad collationem legum Romanarum et Mosaicarum*, XVI, 6; — Jacques Godefroid, *Ad legem Juliam et Pappiam Poppæam*, c. IX.

(2) Gaius, I, § 31.

pour encourager au mariage et à la procréation des enfants (1).

L'*erroris causæ probatio*, que nous allons étudier maintenant, avait été conçue dans le même esprit ; mais le législateur s'était montré plus large dans son application, et elle ne constituait pas un bénéfice particulier aux Latins. Lorsqu'une affranchie latine avait épousé un pérégrin qu'elle croyait Latin, ou lorsqu'un affranchi latin avait épousé *ex lege Sentia, quærendorum liberorum causâ*, une pérégrine qu'il croyait Latine ou citoyenne romaine, cette Latine ou ce Latin pouvait, *filio nato*, justifier de leur erreur, ils devenaient alors tous trois citoyens romains, et le père acquérait la puissance paternelle sur l'enfant (Gaius, §§ 69, 70). La présentation de l'enfant au magistrat et la preuve de l'erreur constituaient le mode d'acquérir la cité qu'on appelait *erroris causæ probatio*, mode qui produisait les mêmes effets que la *causæ probatio*. Mais, à la différence de ce qui avait lieu dans la *causæ probatio*, on n'exigeait pas dans l'*erroris causæ probatio* que l'enfant eût atteint l'âge d'un an ; il suffisait qu'il fût né. C'est en ce sens que nous devons entendre le paragraphe 73 du Commentaire de Gaius et en combler les lacunes ; à la simple lecture, il apparaît que le jurisconsulte y faisait cette distinction. A l'appui de cette opinion, nous ferons encore remarquer que dans tous les paragraphes où il

(1) M. de Vangerow compare la *causæ probatio* à l'usucapion. « De même, dit-il, qu'une possession de plus d'une année convertit le propriété bonitaire en propriété quiritaire ; de même l'affranchi, au moyen de l'*anniculus*, acquiert sur lui-même, à la place de l'*in bonis*, le *jus Quiritium* (*Ueber die Latini Juniani*, § 32, note 2.)

traite de l'*erroris causæ probatio* et où il en énumère les conditions, Gaius n'exige que la naissance d'un enfant et ne nous parle nullement de son âge (1).

L'*erroris causæ probatio* avait encore lieu dans un grand nombre de cas, autres que ceux que nous avons énumérés. Ainsi, par exemple, un citoyen romain épouse une Latine ou une pérégrine la croyant citoyenne romaine ; le mariage est nul, puisqu'il n'y a pas *connubium* entre les époux ; l'enfant suit par conséquent la condition de sa mère ; il est Latin ou pérégrin comme elle, et le père n'a pas la puissance paternelle sur lui. Mais, au moyen de l'*erroris causæ probatio*, la mère et l'enfant deviennent citoyens romains, et la puissance paternelle est acquise au père. On arrive au même résultat, si la mère est déditice ; seule la mère ne peut acquérir le droit de cité (Gaius, § 67). L'*erroris causæ probatio* est encore applicable au cas d'une citoyenne romaine qui épouse *ex lege Sentia* un pérégrin, le croyant citoyen romain ou Latin. Mais si elle épouse un déditice qu'elle croit Latin ou citoyen romain, l'*erroris causæ probatio* rend bien l'enfant citoyen romain ; mais le père reste déditice et n'acquiert pas la puissance paternelle sur l'enfant (Gaius, § 68). Gaius cite encore parmi les personnes qui peuvent invoquer l'*erroris causæ probatio* le citoyen romain qui, se croyant Latin, épouse une Latine, et même le citoyen qui, se croyant pérégrin, épouse une pérégrine (Gaius, § 71). Ces divers exemples mettent en lumière une différence saillante en la *causæ probatio* et l'*erroris causæ probatio* ; à la différence de la *causæ pro-*

---

(1) V. Gaius, I, § 67 à 71 ; — Et Ulpien, I, VII, § 4.

batio, l'*erroris causæ probatio* peut faire arriver à la cité romaine non-seulement les affranchis latins, mais même des pérégrins.

On s'est demandé si l'énumération des cas d'*erroris causæ probatio* faite par Gaius, et que nous venons de rapporter, était limitative, et si en dehors de ces cas il n'y en avait pas d'autres que le jurisconsulte aurait passés sous silence?

Ainsi, par exemple, nous savons que le citoyen romain qui, se trompant sur sa propre condition et se croyant Latin ou pérégrin, épousait une Latine ou une pérégrine, pouvait invoquer l'*erroris causæ probatio*. La même règle était-elle applicable à la citoyenne romaine, au Latin ou à la Latine qui se trompaient sur leur propre condition et se croyaient Latins ou pérégrins? On ne voit pas pour quelles raisons la règle ne leur aurait pas été applicable; aussi la plupart des auteurs soutiennent que Gaius ne nous présente les divers cas qu'il énumère (paragraphes 67 et suiv.) qu'à titre d'exemple et comme des applications d'un principe général. Ce qui confirmerait encore cette opinion, c'est que précisément Ulpien ne reproduit que quelques-uns des cas mentionnés par Gaius. Cependant nous pensons que l'énumération faite par ce dernier est limitative et qu'on ne peut admettre aucun autre cas d'*erroris causæ probatio*, en dehors de ceux mentionnés par lui. Cette conviction est déterminée chez nous par le paragraphe 87 du commentaire premier du même auteur : «..... et ideo superius retulimus, quibusdam casibus per errorem non justo contracto matrimonio, senatum intervenire et emendare vitium matrimonii, eoque modo plerumque efficere ut in potestatem patris filius redigatur. » Il résulte clairement de ce paragraphe que l'*erroris causæ probatio* ne devait pas toujours être admise, mais seulement dans certains cas, qui sont précisément ceux énumérés par Gaius.

En terminant l'étude de l'*erroris causæ probatio*, nous ferons une remarque analogue à celle que nous avons déjà faite pour la *causæ probatio*. Ce mode d'acquérir la cité n'est bien connu que depuis la découverte du manuscrit de Gaius. Autrefois, on attribuait à la loi Ælia Sentia l'origine de l'*erroris causæ probatio*, mais nous savons maintenant que c'est un sénatusconsulte qui l'a établie. En effet, le paragraphe 4 du titre VII des Fragments d'Ulpien sur lequel on se fondait pour attribuer à la loi Ælia Sentia l'origine de l'*erroris causæ probatio* a évidemment subi des altérations, et il est en outre formellement contredit par plusieurs paragraphes des *Commentaires* de Gaius, où il est dit que c'est un sénatusconsulte qui l'a introduite (V. Gaius, §§ 67 et suiv.). Nous ignorons toutefois la date de ce sénatusconsulte; cependant, presque tous les auteurs s'accordent à le placer après la loi Ælia Sentia et avant le règne d'Adrien (1).

4° Après l'*erroris causæ probatio* vient, comme mode d'acquérir le droit de cité, l'*iteratio*. Nous savons que la latinité pouvait résulter pour l'affranchi, tantôt de l'imperfection de la propriété que son maître avait sur lui, tantôt de l'irrégularité du mode employé pour l'af-

(1) Zimmern, *Geschichte des Romischen Privatrechts*, tome I, p. 214, note 3.

franchissement. L'*iteratio* consistait à purger ces deux vices, et constituait ainsi un mode d'acquérir la cité. Il est donc probable qu'elle prit naissance à l'époque même où s'introduisit la pratique des affranchissements *inter amicos*, et où s'établit la distinction de la propriété en propriété quiritaire et propriété bonitaire.

Nous savons qu'à Rome, à une certaine époque, on distingua deux espèces de propriété, la propriété romaine ou *dominium ex jure Quiritium*, et la propriété du droit des gens ou possession *in bonis*. Ces deux espèces de propriété ne donnaient pas les mêmes droits. Le maître qui avait sur son esclave le *dominium ex jure Quiritium*, ayant le domaine complet, jouissait des droits les plus étendus, et pouvait par conséquent en disposer comme il l'entendait. Au contraire, celui qui avait simplement l'esclave *in bonis*, ayant un domaine incomplet, jouissait de droits bien moins étendus et ne pouvait disposer civilement de l'esclave. C'est par l'application de ces principes que l'esclave affranchi par celui qui le possédait *in bonis* devenait Latin. En effet, le possesseur *in bonis* ne pouvait renoncer qu'aux droits qu'il avait, et malgré l'affranchissement le *nudum jus ex Quiritium* subsistait toujours entre les mains de celui auquel il était resté; par une conséquence toute naturelle l'affranchi ne pouvait devenir citoyen romain, puisqu'il était lui-même toujours la propriété *ex jure Quiritium* d'un citoyen romain. Mais si ce propriétaire *ex jure Quiritium* venait aussi à se dépouiller par une manumission solennelle du droit purement nominal qu'il avait conservé sur l'affranchi, rien ne s'opposait plus alors à ce que l'affranchi, libre de tout lien, devînt citoyen romain. C'est ce second affranchissement fait par le *nudus dominus ex jure Quiritium* qu'on appelait *iteratio* et qui constituait le mode d'acquérir la cité.

Plusieurs jurisconsultes, et notamment Bethmann-Holweg et Zimmern, enseignent que l'*iteratio* constitue un droit purement personnel au *manumissor* qui de son esclave a fait un Latin, puisque seul ayant commis un oubli, seul naturellement il doit le réparer (1). Ce principe posé, on soutient que si, au moment de l'affranchissement, l'esclave est sous la puissance bonitaire d'une personne et sous le pouvoir quiritaire d'une autre, celle-ci ne pourra faire l'*iteratio*. Dans cette même hypothèse on soutient encore que si, après la manumission faite par le propriétaire bonitaire, le propriétaire quiritaire transmet le *nudum jus Quiritium* au *manumissor*, celui-ci ne pourra faire l'*iteratio*, car au moment du premier affranchissement il n'avait pas le *jus Quiritium*. A l'appui de ces deux propositions, on invoque les arguments suivants : 1° Si l'*iteratio* peut être faite par le *nudus dominus ex jure Quiritium* sans l'assentiment du possesseur *in bonis* premier affranchissant, il s'ensuit que les droits de ce dernier sont à son détriment considérablement restreints, puisque le Latin après avoir acquis le droit de cité peut exclure par testament le patron de sa succession et puisque ses descendants agnats priment la famille du patron. 2° Ulpien (III, § 4) indique clairement que le *manumissor* acquérant après l'affranchissement le *jus Quiritium* sur le Latin, ne peut faire l'*iteratio* en sa faveur : « Iteratione fit civis Romanus, ·

______

(1) V. Gaius, I, § 73; II, § 143; III, § 73.

qui, post latinitatem quam acceperat major triginta annorum, iterum justè manumissus est ab eo cujus ex jure
Quiritium *fuit.* » On tire un argument *a contrario* du
mot *fuit,* et l'on dit que l'*iteratio* ne peut avoir lieu
qu'autant que l'esclave était possédé *ex jure Quiritium*
lors du premier affranchissement. M. de Vangerow a
réfuté toute cette théorie, et clairement démontré que
l'*iteratio* étant fondée sur la survivance du *jus Quiritium*
sur l'esclave après l'affranchissement fait par le possesseur *in bonis,* un affranchissement et par suite l'*iteratio*
peuvent être faits par le seul propriétaire quiritaire;
c'est d'ailleurs ce que suppose Gaius : « Unde si ancilla
ex jure Quiritium tua sit, in bonis mea, a me quidem
solo, *non etiam a te manumissa,* Latina fieri potest. » A
l'appui de son opinion, M. de Vangerow invoque encore
le paragraphe 221 des *Vaticana fragmenta* : « Si alius
eum Latinum fecerit, alius iteraverit, an utriusque liberorum tutelam suscipiat videndum, quasi utriusque
meritum habeat. Nisi forte exemplo munerum, ut divus
Marcus rescripsit apud originem ejus qui Latinum fecit
debere eum fungi, alius ejus liberorum tutelam sus-
cepturum dicemus (1). »

Nous savons également que la cité devait être représentée dans l'acte qui devait avoir pour effet d'introduire dans son sein un nouveau citoyen et que pour
cette raison l'affranchissement devait être solennel.
Lors donc que la cité n'avait pas été représentée dans
l'affranchissement, ce qui avait lieu dans le cas d'affran-

(1) Bethmann-Holweg, *De causæ probatione,* p. 88 et suiv.— Zimmern, *Geschichte des Romischen Privatrechts,* lib. I, § 213.

chissement *inter amicos*, l'affranchi n'acquérait pas le droit de cité, mais il devenait Latin. Le maître, en affranchissant son esclave *inter amicos*, manifestait ainsi, en quelque sorte, sa volonté de se réserver le *nudum jus Quiritium* sur l'affranchi. Mais si par une manumission régulière, solennelle, il se dépouillait du pouvoir qu'il avait conservé, alors, par une conséquence toute naturelle, l'affranchi devenait citoyen romain. L'affranchissement refait dans ces circonstances constituait un second cas d'*iteratio*.

On a soutenu aussi que l'*iteratio* était inapplicable à l'affranchi qui était devenu Latin, parce qu'il n'avait pas trente ans lors de son affranchissement ; c'est du moins ce qui semble résulter par *a contrario* d'un texte d'Ulpien que nous avons déjà eu occasion de citer : « Iteratione fit civis Romanus qui, post latinitatem quam acceperat major triginta annorum, iterum justè manumissus est ab eo cujus ex jure Quiritium servus *fuit* » (fragm. III, § 4). M. de Vangerow partage cette opinion et produit à l'appui le texte suivant : « Is autem qui manumittitur inter amicos, quotcumque sit annorum, Latinus fit, et solùm ei hoc prodest libertas, ut postea iterum possit ex vindicta vel testamento manumitti et civis Romanus fieri » (Dosithée, § 10) (1). Cependant, M. Demangeat (*Cours élémentaire de droit romain*, t. I, p. 101) estime que l'esclave qui est devenu Latin parce qu'il avait été affranchi avant sa trentième année peut acquérir par l'*iteratio* le jus Quiritium, pourvu bien entendu qu'il

____

(1) Vangerow, *Ueber die Latini Juniani*, § 29, p. 155, 156.

ait trente ans accomplis, ou que la cause de l'affranchi ement soit approuvée par le conseil lorsqu'intervient l'*iteratio*.

Un sénatusconsulte dont le nom et la date nous sont inconnus avait décidé que l'*iteratio* profiterait aussi aux enfants du Latin : « Sed huic concessum est ut ex senatusconsulto etiam liberis jus Quiritium consequi possit » (Ulpien, t. III, § 4).

Indépendamment des quatre modes par lesquels les Latins Juniens pouvaient obtenir le droit de cité, que nous venons d'étudier, nous en trouvons encore cinq autres beaucoup moins importants, à la vérité, et que nous nous contenterons de passer rapidement en revue.

5° *Militiâ*, par le service militaire. — Un Latin devenait citoyen romain quand il avait servi pendant six ans dans les gardes de Rome, *inter vigiles Romæ*. Ce mode fut établi par une loi Visellia, rendue, selon Pothier, sous Tibère, en l'an de Rome 776, Visellius étant consul (1), et, suivant Mommsen, en l'an 683 (2). Un sénatusconsulte rendu on ne sait par qui ni comment étendit cette faveur à ceux qui avaient fait ce service pendant trois ans (Ulpien, III, § 5).

6° *Navis*. — Le Latin devenait citoyen romain après avoir fait construire un navire d'une capacité de dix mille mesures au moins, et transporté du blé à Rome pendant six années (Ulpien, III, § 6; Gaius, I, § 34).

(1) V. Pothier, *Pandectes de Justinien*, p. 303, note 5. *Opere citato*, même page, note 4, Pothier dit que ces *vigiles* étaient des gardes de nuit, et que Strabon et Dion-Cassius nous apprennent que cette cohorte était composée d'affranchis.

(2) Mommsen, *Bekker Jahrbuc*, 1858, p. 335-340.

Suétone (*in Claud.* cap. xviii et xix) nous apprend que ce mode avait été constitué par l'empereur Claude.

7° *Ædificium*. — Le Latin a employé une partie de sa fortune à construire une maison à Rome; il acquiert le droit de cité (Ulpien, III, § 1; Gaius, § 33). La maison était réputée bâtie dès qu'on pouvait en faire usage (Loi 139, § 1, *de Verborum significatione;* Ulpien, lib. VII, *Ad legem Juliam et Pappiam Poppæam*).

8° *Pistrinum*. — Le Latin obtenait encore le droit de cité par la construction d'un moulin ou d'une boulangerie (Ulp., III, § 1). Ulpien et Gaius ne nous donnent aucun détail sur ce mode.

9° *Triplex enixus*. — Enfin, la femme latine qui avait trois enfants *vulgo concepti* acquérait la qualité de Romaine (Ulp., III, § 1); *vulgo quæ sit ter enixa*, dit Ulpien; c'eût été là un fâcheux encouragement à la prostitution. Le texte d'Ulpien présente un sens beaucoup plus raisonnable si on adopte la correction proposée par Schilling, qui lit *virgo* au lieu de *vulgo* (1). On regardait comme ayant accouché trois fois la femme qui avait mis au monde trois jumeaux (L. 137, *de Verb. signif.;* Paul, lib. II, *Ad leg. Jul. et Pap.*); mais elle n'était pas réputée comme ayant eu un enfant lorsqu'on le lui avait arraché après sa mort. Quel est le sénatusconsulte qui a introduit pour les femmes ce mode d'acquérir la

(1) Schilling, *Animadvers. critic.*, p. 55 et suiv., propose encore de lire: *vulgaris;* — Hugo, dans ses derniers travaux sur Ulpien, corrige ainsi le texte: *vulgo quæsitum ter enixa*. — Les anciens commentateurs remplaçaient déjà le mot *vulgo* par *veluti*. Tel était notamment l'avis de Pothier, *opere citato*, p. 300.

cité? Le sénatusconsulte Volusien, dit M. de Savigny. Nous savons que les femmes ne pouvaient invoquer la *causæ probatio;* pour elles, remarque M. de Vangerow, le *triplex enixus* remplace la *causæ probatio* (1).

CHAPITRE 5

DES MODIFICATIONS APPORTÉES A LA CONDITION DES LATINS JUNIENS, ANTÉRIEURES A JUSTINIEN. RÉFORMES DE CE PRINCE.

Nous avons successivement étudié dans quels cas les affranchis devenaient Latins; leur condition juridique pendant leur vie et la dévolution de leur patrimoine après leur mort; les divers modes par lesquels ils pouvaient acquérir le droit de cité : il ne nous reste plus qu'à voir les modifications apportées en notre matière avant le règne de Justinien et les réformes réalisées par ce prince.

§ I.

Modifications antérieures à Justinien.

Sous Constantin apparaît un nouveau mode d'affranchissement, la *manumissio in sacrosanctis ecclesiis* (2).

____

(1) Vangerow, *Ueber die Latini Juniani*, § 36, p. 200, note 1.
(2) V. deux constitutions de Constantin, l'une de l'an 316 et l'autre de l'an 321, au Code (1, 13).

qui remplace l'affranchissement *censu* depuis longtemps complétement tombé en désuétude. Nous savons, en effet, que de Vespasien à Decius, c'est-à-dire pendant une période de près de deux cents ans, le recensement ne fut pas fait une seule fois et que le dernier eut lieu sous Decius. Il était donc de toute impossibilité d'affranchir un esclave *censu*, et c'est ce qui nous explique la création du nouveau mode d'affranchissement *in sacrosanctis ecclesiis*. Le maître déclare donner la liberté à son esclave en présence des chrétiens réunis dans l'église, *adsistentibus christianorum antistibus;* acte est dressé de sa déclaration (1). Ce mode confère à l'esclave la qualité de citoyen, comme un mode solennel (2), et Justinien, qui le mentionne en première ligne, nous apprend qu'il a cela de particulier qu'il produit cet effet alors même que l'esclave est âgé de moins de trente ans (3). Il ne reste donc que deux des anciens modes solennels, l'affranchissement *vindictâ* et l'affranchissement *testamento;* et encore le premier ne consiste plus que dans une simple déclaration faite par le maître devant le magistrat et dont celui-ci lui donne acte.

Les empereurs introduisirent également plusieurs autres modes d'affranchissement non solennels, que nous avons déjà eu occasion de signaler et qui conféraient la latinité : ainsi ce fut l'empereur Claude qui décida que l'esclave que son maître aurait chassé en cas de maladie, deviendrait libre (4). Constantin décida que

(1) *Ibidem.*
(2) C. *una* C. T. *de manumiss. in eccles.*, 4, 7.
(3) L. 2, C., *communia de manum.* (7, 15).
(4) Suétone, *In Claud.*, cap. xxv.

l'esclave qui dénoncerait le rapt d'une jeune fille deviendrait Latin dans tous les cas (C. 1, § 4, C. T. *de raptu virginum*, 9, 24). Le même prince voulut que les enfants nés de l'union d'un esclave du fisc et d'une femme ingénue fussent de plein droit Latins (C. 3, C. T. *ad senatusconsultum Claudianum*, 4, 9).

Quant aux changements survenus dans la condition juridique des Latins Juniens, nous ne connaissons de changement important que celui contenu dans une ordonnance de Constantin : « Si is qui, dignitate romanæ civitatis amissa, Latinus fuerit effectus, in eodem statu munere lucis excesserit, omne peculium ejus a patrono vel patroni filiis sive nepotibus ejus, qui nequaquam jus agnationis amiserint, vindicetur. » (C. una. C. T. *de heredit. petit.*, n. 22). Je traduis littéralement le commentaire dont M. de Vangerow accompagne ce texte : « Le caractère fondamental de la succession à la for-« tune d'un affranchi latin, considéré comme une « réclamation de pécule faite par le patron est précisé-« ment reconnu ici; ce qui explique la décision du « sénatusconsulte Largien, qui accorde la préférence « au patron et à ses descendants. Il semble néanmoins « qu'un changement soit survenu relativement aux des-« cendants du patron qui peuvent exercer un droit de « préférence à l'encontre des *heredes extranei*. Nous « savons que les jurisconsultes romains faisaient rentrer « tous les agnats dans cette catégorie, sans distinguer « si le lien de l'agnation avait été rompu ou non, et par « conséquent les émancipés. Mais Constantin se place à « un autre point de vue et n'appelle pas à la succession « tous les enfants nés agnats et les petits-enfants du pa-

« tron, mais ceux-là seuls, *qui nequaquam jus agnatio-*
« *nis amiserint :* il exclut par conséquent tous ceux dont
« le lien d'agnation a été rompu, tels que les émanci-
« pés. On ne peut nier que cette décision soit peu d'ac-
« cord avec l'esprit de l'époque, si favorable à l'assimi-
« la tion des agnats aux cognats (1). »

§ 2.

Réformes de Justinien.

Justinien avait la manie des innovations ; il faut convenir toutefois que cette manie le servit bien en notre
matière et que les réformes qu'il y réalisa, à la sugges-
tion de Tribonien, il est vrai, furent heureuses. Ces
réformes sont au nombre de trois.

1° Par une première constitution l'empereur supprime
la classe des affranchis déditices (L. un., C. *De deditiâ
libertate tollendâ*, VII, 5) ; par une seconde, il supprime également celle des Latins Juniens (L. un., C.
de Latinâ libertate tollendâ, VII, 6) et opère ainsi la
réduction des affranchis à une seule classe ; de telle
sorte, dit-il, que tous aujourd'hui sont citoyens romains. Mais aussi, dit M. Ortolan, quelle différence
entre la valeur de ce titre à Constantinople et le prix
qu'il avait jadis à Rome ! (*Explication historique des
Instituts*, t. II, p 57.) Justinien nous apprend lui-même

(1) Vangerow, *Ueber die Latini Juniani*, § 37.

qu'il n'a fait que consacrer par ces innovations un état
de choses existant depuis longtemps dans la pratique ;
« sed deditiorum quidem pessima conditio jam ex multis
temporibus in desuetudinem abiit, Latinum vero nomen
non frequentatur (1). » Et en effet, il y avait bien encore
quelques Latins, mais ils étaient rares et cela se conçoit
facilement, car Justinien par l'abolition du *nudum jus
ex Quiritium* avait fait disparaître la distinction en domaine quiritaire et domaine bonitaire et supprimé l'une
des trois causes générales de la latinité. Quant aux esclaves âgés de moins de trente ans, M. Accarias pense
que le *consilium* ne se refusait guère, en présence d'une
volonté sérieuse du maître, à reconnaître l'existence
d'une juste cause d'affranchissement (2). On ne trouvait
donc plus comme Latins, que les esclaves affranchis par
une manumission irrégulière, et c'est en leur faisant
allusion que Justinien déclare que sa réforme n'est applicable qu'aux affranchissements futurs et ne règle nullement les rapports des Latins actuellement existants et
de leurs patrons (L. unic. § 13, C. *De Lat. lib. toll.*).

2° Justinien décide ensuite que les affranchissements
seront pleinement valables même en dehors de toute
forme solennelle : ce qui ne veut pas dire que le maître
pourra affranchir son esclave dans la première forme
venue, par une déclaration pure et simple de sa volonté,
par exemple. Au contraire, l'empereur choisit certains
des cas dans lesquels la latinité se produisait, déclare
que dans ces cas l'esclave obtiendra le droit de cité,

(1) Lib. I, tit. V, *De Libertinis*, § 3.
(2) *Précis de droit romain*, t. I, p. 118, § 66.

tandis que dans les autres il ne l'obtiendra pas et restera esclave, et il a bien soin d'ajouter que la volonté d'affranchir doit être manifestée dans certaines formes, pour lesquelles il renvoie soit aux constitutions anciennes, soit aux siennes (1). C'est ainsi que sous Justinien nous voyons toujours les affranchissements, *vindictâ*, *in sacrosanctis ecclesiis*, *testamento*, en vigueur. A propos de l'affranchissement *testamento* notons une innovation de l'empereur qui permet d'affranchir *directo*, même dans un codicille non confirmé ou ne se rattachant à aucun testament (2). Cette innovation n'est elle-même que la conséquence d'une autre innovation par laquelle il a confondu les legs et les fidéicommis. L'empereur consacre six autres modes d'affranchir que nous avons déjà énumérés, par lesquels l'esclave devient libre et citoyen (3), et en introduit trois autres, remarquables en ce qu'ils confèrent même l'ingénuité : l'esclave, du consentement de son maître, s'enrôle dans l'armée ou reçoit une dignité (l.. 6 et 7. C. *Qui milit. poss.*, XII, 34); toujours avec le consentement de son maître, il entre dans les ordres sacrés (nov. 123, cap. XVII); lorsque le maître a eu des enfants avec son esclave, ces enfants sont affranchis de plein droit par le mariage de leur mère avec leur père (nov. 78, cap. IV).

3° Justinien ne s'en tint pas à ces deux réformes et effaça l'infériorité sociale des affranchis en les assimilant dans une certaine mesure aux ingénus. Il décide

(1) Lib. I, tit. V, *De Libertinis*, § 1. — C. una C., *de Lat. libert. toll.*, 7, 6.
(2) Lib. I, tit. V, *De Libertinis*, § 1.
(3) l.. unica., *de Latin. libert. toll.*, §§, 1, 2, 8, 9, 10, 11, 12.

en effet, dans la novelle 78, que tout affranchissement
entraîne au profit de l'affranchi le *jus aureorum annulorum* et *regenerationis;* en ajoutant toutefois qu'il entend
respecter les droits du patron. Justinien veut dire que
le *jus aurcorum annulorum* est inhérent à l'affranchissement; que la *restitutio natalium* n'a lieu qu'avec le consentement du patron qui seul peut renoncer à ses droits
sur la succession de l'affranchi (1), mais n'exige plus
comme autrefois l'autorisation spéciale du prince (2).

(1) Justinien se sert tantôt de l'expression *jus regenerationis,* tantôt de l'expression *restitutio natalium* pour qualifier le bénéfice qu'il
accorde aux affranchis.
(2) *De Jure aur. annul.,* C. 6, 8.

DROIT FRANÇAIS

DES MODES D'ASSIMILATION DES ÉTRANGERS AUX NATIONAUX.

CHAPITRE I

EXPOSÉ DE LA QUESTION.

La nation est une agglomération d'hommes qui vivent dans une unité relative de religion, de morale ou de mœurs, de science, d'art, de droit, de littérature et de langues (1). Tout membre de l'agglomération est un national, quiconque n'en fait pas partie est un étranger. L'idée de nationalité a donc pour corrélatif nécessaire l'idée d'extranéité ; on est national, c'est-à-dire membre d'une nation ou on n'en fait pas partie, et alors on est étranger : c'est une distinction qui est née presque en même temps que le monde, qui a toujours et partout existé, et qui ne disparaîtra pas de sitôt. Chez tous les

---

(1) Conf. Bluntschli, *Droit des gens* ; Kluber, *Droit des gens moderne de l'Europe* ; Hefter, *Droit interne public de l'Europe* ; Watel, *Droit des gens*, Préliminaires.

peuples, entre la condition du national et celle de l'étranger il y a toujours de nombreuses différences ; mais l'étranger peut effacer ces différences en se faisant élever à la dignité de national, et il est alors en quelque sorte comme un enfant adoptif dans cette grande famille qu'on appelle la nation.

Tous ces principes s'appliquent à la nationalité française, dont seule nous avons à nous occuper. Nos lois divisent les personnes en Françaises ou étrangères ; des différences profondes séparent la condition de l'étranger de celle des Français ; mais ces différences disparaissent devant l'assimilation de l'étranger au national. Nous trouvons donc deux classes de Français : les Français de naissance ou d'origine et les Français par naturalisation ; en d'autres termes on naît Français ou on le devient. Nous nous proposons d'étudier les différences qui séparent la condition de l'étranger de celle du Français et plus spécialement les modes d'assimilation de l'étranger au national qui effacent plus ou moins complétement ces différences. Ces modes sont au nombre de trois : ce sont les traités et l'autorisation de domicile qui produisent une assimilation passagère et sans concession du titre de national ; la naturalisation par bienfait de la loi qui produit une assimilation complète avec concession du titre de national ; et la naturalisation proprement dite.

Mais avant d'entreprendre cette étude, nous dirons quelques mots des modes d'assimilation de l'étranger au national dans l'antiquité ; ces modes ont précédé ceux que nous voyons aujourd'hui en vigueur, leur histoire est donc un préliminaire indispensable, elle nous servira

d'introduction logique et nécessaire à l'étude que nous
nous proposons de faire de la condition actuelle de l'é-
tranger en France, et de son assimilation au national.

CHAPITRE II

HISTOIRE DE LA CONDITION DES ÉTRANGERS DANS L'ANTIQUITÉ ET DES MODES DE LEUR ASSIMILATION AU NATIONAL. LÉGISLATIONS GRECQUE ET ROMAINE.

L'histoire tout entière de l'antiquité se résume
pour ainsi dire dans l'histoire de deux peuples, le peuple grec et le peuple romain. C'est donc chez ces
deux peuples que nous allons étudier la condition des
étrangers dans l'antiquité et les modes de leur assimilation au national; nous verrons que chez eux comme
dans les temps modernes, ils y ont subi toutes les vicis-
situdes de la civilisation. La civilisation n'est-elle encore
qu'au berceau, dure, cruelle même et irrévocable est la
condition de l'étranger; si la civilisation progresse, cette
condition progresse et s'améliore avec elle; si la civilisation rétrograde, elle s'aggrave et rétrograde avec
elle.

Les hommes n'eurent d'abord qu'une patrie, ils ne
formaient qu'un peuple; ils n'étaient qu'une nation; et
on ne connaissait alors ni étrangers ni nationaux. Mais
leur nombre s'accrût et les contraignit de se disperser;
un sol, un climat nouveau changèrent leurs mœurs, leurs

coutumes, et ils formèrent alors plusieurs nations. L'opposition d'intérêts les divisa encore davantage et ils devinrent des peuples. Chaque association eut alors ses lois propres, ses droits ou avantages exclusivement réservés à ses membres, et de l'égoïsme national naquit la distinction en nationaux et étrangers.

L'étranger n'inspira d'abord que la défiance et la haine, les peuples s'entourèrent de barrières et lui défendirent l'accès de leur territoire sous les peines les plus sévères. Ainsi, les farouches habitants de la Tauride immolaient en l'honneur de Diane le malheureux étranger perdu sur leurs côtes. La loi de Moïse défendait tout commerce, toute alliance avec l'étranger (1). Le Spartiate était impitoyable : sa législation fut empreinte de son caractère ; et Lycurgue proscrivit également le commerce et interdit toute relation avec les étrangers, qui l'amènent à leur suite. Les étrangers auraient pu apporter dans Sparte des idées nouvelles qui auraient battu en brèche la loi, « cette reine et impératrice du monde aux yeux du Spartiate, » suivant la magnifique expression de Pindare : on ne leur permit d'entrer dans la ville que certains jours déterminés et jamais ils ne purent se faire élever à la dignité de citoyen. Hérodote ne connaît que deux hommes, le devin Tisamène et son frère, qui aient obtenu le droit de cité à Sparte.

A Athènes, berceau de la civilisation, la condition de l'étranger était plus douce : le peuple qui avait dressé l'autel de la Pitié pour que les suppliants vinssent y suspendre leurs bandelettes, qui faisait tomber les fers des

____

(1) *Deutéronome*, ch. XII.

captifs pour qu'ils pussent assister aux fêtes joyeuses de
Dyònisos (1), ne pouvait fermer ses portes aux étrangers ; puis, à la différence du peuple spartiate, le peuple
athénien était maritime, commerçant et industrieux ; il
avait avec les étrangers de ces relations fréquentes qui
assurent et développent la prospérité d'un État. Cependant si les portes d'Athènes n'étaient pas fermées à
l'étranger, il y était comme dans le reste de la Grèce
tenu en suspicion et on le reléguait dans un certain quartier de la ville avec défense d'habiter ailleurs, comme
on parquait au moyen âge les Juifs dans les juiveries.
Désireuse également de maintenir dans son intégrité
primitive la pureté du sang qui coulait dans les veines
de ses nationaux, Athènes leur défendait de s'allier aux
barbares ; car c'est ainsi qu'on appelait les étrangers.

Mais l'étranger pouvait se soustraire à ces humilia-
tions en obtenant certaines concessions qui se rapprochent plus ou moins de nos modes d'assimilation de
l'étranger au national. Au fond de l'esprit grec, il y
eut toujours un insurmontable instinct d'isolement mu-
nicipal né du morcellement du sol, instinct qui s'opposa
à la formation d'un grand État hellénique. Si cet esprit
n'eût pas existé, il n'y aurait pas eu tant de guerres
intestines, avec leurs déplorables conséquences politiques et morales. Telle était la force de ce sentiment
d'indépendance locale, que la Grèce fut ivre d'une folle
joie le jour où les Romains proclamèrent que toute ligue
était détruite et toute cité rendue à son isolement. La
Grèce se crut libre, alors que commençait pour elle une

(1) Ulpien, *Ad Demosthenem.*

servitude de vingt siècles. « Cet esprit d'isolement, joint aux jalousies séculaires qui séparaient tous les petits peuples de la Grèce, empêcha les Athéniens de pratiquer le mode imparfait d'assimilation de l'étranger au national que nous appelons aujourd'hui assimilation par traité. Mais si les Athéniens ne connurent point l'assimilation par traité, ils admirent un autre mode d'assimilation qui, au point de vue de ses effets, lui ressemble beaucoup et qui se rapproche de notre autorisation de domicile. L'étranger qui voulait s'établir à Athènes pouvait demander l'autorisation de l'aréopage : après l'avoir obtenue, il prenait le nom de *Métèque* (qui habite avec) et payait une contribution personnelle de douze drachmes comme chef de famille en retour de la protection que l'État lui accordait, sous peine s'il ne l'acquittait pas d'être vendu comme esclave. La femme étrangère payait moitié moins. La taxe du fils exemptait la mère, comme celle du mari exemptait l'épouse. Le *Métèque* était inscrit dans la milice et dispensé d'habiter le quartier des étrangers. Il pouvait encore améliorer sa position en se choisissant un patron qui répondît de sa conduite et lui servît de caution, alors il pouvait trafiquer et exercer sa profession librement ; mais même dans cette situation il ne pouvait acquérir de propriété si ce n'est par l'intermédiaire de son patron et il était encore soumis à certaines corvées humiliantes pendant les fêtes : aux Panathénées, par exemple, il portait les vases, les ustensiles sacrés, et sa femme tenait le parasol sur la tête des matrones athéniennes. Xénophon souhaita plus tard qu'on abolît toutes ces distinctions irritantes, et à la suite de longues guerres la condition de ces

étrangers fut beaucoup adoucie et nombre d'entre eux
furent admis au rang de citoyens.

Ainsi qu'il est facile de le voir, Athènes n'était point
libérale pour l'étranger, *élément de ruine dans un pays,*
dit Aristote; aussi n'accordait-on aucun privilége à la
naissance sur le sol et ne connaissait-on pas ce mode
d'assimilation que nous appelons bienfait de la loi. Le
caractère potestatif de cette sorte de naturalisation ré-
pugnait d'ailleurs trop profondément à l'esprit d'un
peuple aussi jaloux et aussi orgueilleux de ses préroga-
tives que le peuple athénien. On n'avait point davantage attaché de privilége au sang: celui-là seul est
Athénien dont le père et la mère sont Athéniens; quant
à l'enfant dont le père ou la mère est étranger, il est
étranger: la qualité de national chez l'un de ses parents ne lui permet pas d'acquérir le titre d'Athénien,
et nous savons que la règle était si absolue que longtemps
on reprocha à Thémistocle la nationalité étrangère de
sa mère.

L'étranger ne pouvait se faire assimiler au national
que par la naturalisation, et encore l'assimilation était-
elle incomplète. La naturalisation avait été établie, et
les conditions en avaient été réglées par Solon. Bien loin
de suivre l'exemple de Lycurgue et de fermer l'Attique,
il avait ordonné d'accueillir les nombreux émigrants
attirés par la liberté dont on y jouissait, mais il n'accordait le droit de cité qu'à ceux qui avaient été bannis à
perpétuité de leur pays, n'estimant pas meilleur d'avoir
deux patries que de servir deux maîtres, et encore pour
que le droit de cité fût acquis il fallait le vote favorable
et deux fois réitéré de six mille citoyens. L'étranger

naturalisé ne participait pas aux droits politiques, ce n'était qu'à la troisième génération que la curie, l'archontat et le sacerdoce pouvaient s'ouvrir à la famille du nouveau citoyen (1). Quant à l'étranger qui usurpait le titre de citoyen, on le jetait dans les fers parce qu'on ne voulait point que la souveraineté fût viciée à sa source par le mélange confus d'éléments impurs, et nous savons que du temps de Périclès cinq mille hommes furent vendus pour avoir pris indûment la qualité de citoyen.

Ainsi, des trois modes d'assimilation plus ou moins complète de l'étranger au national qui sont en vigueur dans nos lois, deux seulement, l'assimilation par autorisation de domicile et l'assimilation par naturalisation avec des effets beaucoup plus restreints, furent connus et pratiqués des Grecs, et encore des Athéniens seulement. On voit que la législation grecque ne s'était pas inspirée des principes de Socrate, qui préférait la patrie à la famille et à la patrie le monde (2), et que ce n'est pas non plus en Grèce que ces autres belles paroles de Socrate rapportées par Marc-Aurèle : « Je suis citoyen du monde » auraient pu trouver leur application.

Passons maintenant à l'étude de la législation romaine. — *Peregrinus antea dictus hostis*. Si l'on s'en rapportait à ces paroles de Cicéron, il faudrait dire qu'à Rome l'étranger avait été d'abord considéré comme un ennemi. Nous ne croyons pas cependant qu'à Rome les mots *hostis* et *peregrinus* fussent tout d'abord syno-

(1) Pastoret, *Histoire de la législation*, p. 115, 117, t. I.
(2) Cicéron, *Tusculanes* ; — Plutarque, *de l'Exil.*

nymes ; l'origine même de Rome protesterait contre
cette donnée, également contredite par la signification
primitive du mot *hostis*. Personne n'ignore en effet, que
Rome fut à l'origine un asile créé par Romulus pour
les bandits et les exilés du Latium ; le meilleur moyen
de peupler la ville naissante et d'y attirer les étrangers,
fut de les traiter en amis, en égaux. *Égaux*, telle fut donc
la signification primitive du mot *hostis*, qui renfermait
ainsi une promesse d'égalité et non une menace d'hostilité (1). Mais plus tard quand Rome se trouva assez
forte pour entrer en lutte avec ses voisins et préluder à
la conquête du monde, on vit dans tous les étrangers
des ennemis, et le mot *hostis* changeant de signification
devint synonyme d'ennemi et servit à désigner tous
les peuples qui luttaient pour leur indépendance. De
ces peuples les uns succombèrent dans la lutte ; d'autres
furent assez heureux pour résister et contraindre les
Romains à traiter avec eux : pour les uns et les autres
on inventa le mot *peregrinus* qui servait à les distinguer des peuples avec lesquels on continuait à être en
guerre. Un troisième terme, *barbari*, désigna les peuples qui habitaient loin des foyers de la civilisation, aux
extrémités de la terre, et avec lesquels les Romains
avaient peu ou point de relations. Nous trouvons donc
dans la langue romaine trois termes également applicables aux étrangers et qui cependant ont une signification bien distincte : *peregrini*, ce sont les étrangers
proprement dits qui sont soumis à la domination romaine

(3) Festus dit positivement que le mot *hostire* est synonyme de
æquare.

6

ou qui ont traité avec Rome; *hostes*, ce sont les étrangers avec lesquels on est en guerre ; *barbari*, ce sont les étrangers avec lesquels on n'a point de relations.

Quand Rome commença à avoir avec les peuples voisins des rapports d'hostilité, la loi refusa toute espèce de droit à l'étranger : *adversus hostem æterna auctoritas,* dit la loi des Douze-Tables ; à cette époque étranger est synonyme d'ennemi ; mais les conquêtes, les alliances adoucirent les mœurs et humanisèrent le vieux droit quiritaire. Le droit des gens se forma, et à côté des institutions du droit civil vinrent se placer les institutions à l'usage des étrangers : un préteur spécial, *prætor peregrinus,* fut chargé de leur protection. Cependant, si la protection du préteur pérégrin améliora la condition de l'étranger, elle n'en laissa pas moins subsister les différences nombreuses qui séparaient sa condition de celle du citoyen romain. Pour bien se rendre compte de ces différences, il faut savoir ce qui constituait l'*optimum jus civis Romani* ou droit du national romain dans toute sa plénitude. A Rome comme à Athènes, on distingue deux sortes de droit, les droits civils et les droits politiques ; tout national a la jouissance des droits civils, mais tous les nationaux n'ont pas la jouissance des droits politiques. L'expression *jus civitatis* désigne les droits civils, et *jus Quiritium* les droits politiques : tous les Romains avaient le *jus civitatis,* mais tous les Romains ne participaient pas au gouvernement de l'Etat et n'avaient pas le *jus Quiritium* (1). On distinguait par conséquent les nationaux et

(1) Longtemps on a ignoré le sens précis de ces deux mots; ce·

les citoyens, quoique cependant l'expression célèbre, *civis Romanus sum*, fût générique et servît à désigner tout national romain. Le *jus civitatis* se composait du *commercium*, du *connubium* et de la *patria potestas*; le *jus Quiritium* du *jus suffragii* et du *jus honorum*. Les étrangers n'avaient certainement pas le *jus Quiritium*, ils n'avaient pas davantage le *jus civitatis*; ainsi le mariage de l'étranger ne produisait pas les mêmes effets civils que le mariage du citoyen romain, la propriété n'avait point pour lui le caractère et les garanties de la propriété romaine. Tout, même le costume, distinguait l'étranger du citoyen romain, qui seul avait droit de porter la toge.

Il y avait, on le voit, de nombreuses différences entre la condition du Romain et celle de l'étranger; mais des considérations politiques firent disparaître tout ou partie de ces différences, et entre l'étranger et le citoyen romain vint se placer une classe intermédiaire d'individus, qui furent assimilés plus ou moins complétement et par des procédés divers aux citoyens romains. Ces concessions commandées par l'intérêt s'adressèrent tantôt aux personnes, tantôt au sol. Occupons-nous d'abord des personnes.

1° *Jus Latii.* — Le premier peuple auquel Rome jugea prudent de faire des concessions fut le peuple du *Latium*, et l'ensemble des priviléges qui lui furent ac-

---

pendant il est certain qu'ils avaient une signification différente, et qu'ils correspondaient à la division en *cives optimo jure* et *cives non optimo jure*. Aujourd'hui l'on admet généralement que l'expression *jus civitatis* comprend les droits civils, et l'expression *jus Quiritium*, les droits politiques.

cordés a pris tout naturellement la dénomination de *jus Latii*. Le Latium était habité par une association de trente peuples qui avaient Albe pour capitale. Après la chute de cette ville, Rome émit la prétention de succéder à la souveraineté qu'elle exerçait ; moitié par conquêtes, moitié par traités, elle parvint à soumettre l'ancienne fédération latine. Mais cette soumission ne fut pas de longue durée et les Latins profitèrent de l'ébranlement causé par la chute de la royauté pour se soulever. Après une lutte acharnée et pleine de péripéties qui se dénoua par la sanglante bataille du lac Régille, un traité fut conclu qui accordait aux Latins plusieurs des droits réservés aux Romains et les assimilait incomplètement à ces derniers. Les Latins obtinrent le *commercium* et le *connubium*. Le *commercium* les rendit capables d'être propriétaires *ex jure Quiritium* et de faire tous les actes qui, de près ou de loin, se rattachaient à la conservation ou à l'aliénation de ce domaine : tels que la *mancipatio*, la *cessio in jure*, la *vindicatio* et le testament *per æs et libram*. Le *connubium* leur donna la puissance paternelle, l'agnation et le droit de succéder *ab intestat*. Mais entre le Latin et le citoyen romain il y eut toujours une grande différence : le citoyen romain avait le *jus Quiritium* ou exercice des droits politiques ; le Latin ne l'avait pas. Le Latin n'était donc qu'à demi Romain, il était national, mais non citoyen, toutefois il lui était facile de compléter sa condition, d'acquérir les droits politiques qui lui manquaient et de devenir ainsi un véritable citoyen. On peut même dire que cette faculté constituait un des plus précieux avantages de la latinité : tout Latin qui venait s'établir à Rome après avoir laissé dans sa ville *stirpem ex se* devenait citoyen en se faisant inscrire sur les tables du cens. De même, les magistrats des villes latines devenaient citoyens au sortir de leurs fonctions. Ce trait caractérise bien la politique habile de Rome qui dénationalisait ainsi dans chaque ville les citoyens qui, à la longue, auraient pu y acquérir une grande influence et se créer ainsi des situations trop indépendantes. C'est une question des plus controversées que celle de savoir si, dans le cas que nous venons de rapporter, les enfants et la femme du Latin ex-magistrat suivaient la condition de leur mari et père et devenaient aussi citoyens romains. Les lacunes du manuscrit de Gaius ne permettent pas de trancher la question (1). Enfin, une loi Servilia *de repetundarum* accordait encore les droits politiques aux Latins qui avaient convaincu un magistrat de concussion.

Mais ces divers modes d'acquérir la qualité de citoyen romain n'étaient pas accessibles à tous les Latins, et pour quelques heureux privilégiés, la grande masse restait dans un état d'infériorité humiliant vis-à-vis des Romains. Cependant les Latins supportaient les mêmes charges que les Romains, ils combattaient côte à côte, et ils ne retiraient aucun bénéfice des victoires qu'ils aidaient à remporter. Ils se lassèrent de verser leur sang pour un État au gouvernement duquel ils ne participaient point et demandèrent à être mis sur un pied d'égalité complet avec les Romains. Les Gracques voulurent qu'on fît droit à ces réclamations, mais l'aristocratie romaine étouffa la proposition dans leur sang. Une loi Licinia Mucia vint

(1) V. Gaius, I, § 96.

même punir de mort les Latins qui usurpaient le titre de citoyen. Ils agirent alors vis-à-vis des Romains comme autrefois les plébéiens vis-à-vis des patriciens, prirent les armes et se retirèrent de l'association romaine. Une lutte longue et acharnée, qui, sous le nom de guerre Sociale, devait mettre en péril l'existence même de Rome, commença; grâce à l'épée de Marius et de Sylla, Rome triompha. Mais le danger n'était que conjuré : elle voulut l'écarter à tout jamais ; et le résultat de la guerre Sociale fut de faire attribuer aux Latins par les lois Julia et Plautia (*an de Rome* 664) la plénitude des droits de cité. L'Italie ne forma plus alors qu'un État unique avec Rome pour capitale. Antérieurement à la loi Julia, en 416, plusieurs cités latines avaient obtenu le *jus civitatis* en récompense de leur fidélité (Tit-Liv., VII, 14).

Tout ce que nous venons de dire du *jus Latii* s'applique seulement aux peuples de l'ancien Latium, aux *Latini veteres*, qui disparurent après la guerre Sociale. Mais leur condition avait servi de type à la condition des Latins coloniaires ou *Latini colonarii*, et à ces Latins coloniaires eux-mêmes on avait assimilé plus tard une troisième classe de Latins dits Latins Juniens. Voyons d'abord ce qu'étaient ces Latins coloniaires, et en quoi leur condition différait de celle des *Latini veteres*.

Personne n'ignore combien la politique romaine était habile et avec quel art prodigieux les Romains savaient s'assimiler un peuple. Nous venons de voir dans les concessions faites aux Latins, concessions que l'on désigne par ces mots *jus Latii*, un des modes que les Romains devaient employer souvent plus tard dans cette œuvre lente d'assimilation qui eut pour résultat l'absorption du monde entier. De même, la création de colonies fut un des moyens que les Romains employèrent avec le plus de succès pour *romaniser* le monde. En créant du reste des colonies, ils n'avaient fait qu'obéir aux traditions des anciens peuples de l'Italie, qui eux-mêmes avaient suivi l'exemple des peuples grecs. Pour assurer sa domination, Rome transplantait sur le territoire soumis un certain nombre de citoyens et leur partageait les terres conquises. Les premiers colons conservèrent d'abord leurs droits de citoyen, mais en fait, l'éloignement les empêcha presque toujours d'en user. On choisissait ces colons parmi les hommes de bonne volonté ; à leur défaut le sort désignait un certain nombre de citoyens parmi ceux appelés au service ; plus tard ce furent les citoyens pauvres que les lois agraires envoyèrent dans les colonies.

Dans le principe, on n'avait fondé que des colonies romaines ; mais quand les Romains eurent fait alliance avec les Latins, ils formèrent des colonies d'une nouvelle espèce. Ce sont ces colonies nouvelles qu'à proprement parler on appelle des colonies latines : le nom du reste apparaît pour la première fois à l'époque de la guerre d'Annibal. Il y avait tout à la fois des Romains et des Latins dans ces colonies ; mais c'était surtout parmi les Latins des légions auxiliaires qu'on recrutait ces colons. Ils avaient pour mission de propager au loin le droit et les mœurs de Rome, et leur fondation était un excellent moyen non-seulement de préparer la conquête de contrées non encore soumises, mais encore d'achever la conquête de celles qui l'étaient déjà.

Toutes ces colonies formaient autant de petits États

indépendants ; elles étaient l'image réduite de la métro-
pole et, comme elle, avaient un sénat et des magistrats
librement élus. Leurs habitants avaient le *commercium*,
mais non le *connubium*, et à cette différence près leur
condition était de tout point identique à celle des *Latini
veteres* : comme eux ils pouvaient acquérir la qualité de
citoyen romain. Plus tard, l'expression *jus latinitatis*
servit à désigner l'ensemble des droits des Latins coloniaires, et c'est sous cette dénomination que les empereurs
l'accordèrent, sans aucune *deductio coloniæ*, à un grand
nombre d'individus ou de cités ; Vespasien, par exemple, le conféra en bloc à toute l'Espagne.

Un mot maintenant sur les Latins Juniens, que la
loi Junia avait assimilés aux Latins coloniaires. Pour
bien comprendre ce qu'étaient les droits du Latin Junien, il faut se rappeler qu'après la guerre Sociale le
jus Latii avait disparu de l'Italie. Cependant on trouve
dans les textes l'expression *jus Latii* appliquée aux
Latins Juniens. Cette difficulté s'explique par ce fait
qu'après la guerre Sociale le *jus Latii* avait non pas
disparu mais revêtu un double caractère. Droit territorial, d'abord, il était devenu ensuite un droit personnel. Il subsistait en tant que droit territorial quand
on le concédait, non aux peuples de l'Italie, qui tous
avaient obtenu le *jus civitatis*, mais aux villes ou aux
provinces situées hors de l'Italie. C'était un droit personnel quand on l'accordait à une personne qui ne
jouissait pas du droit de cité. C'est sous cette forme,
comme droit personnel, que la loi Junia l'accordait à l'esclave affranchi sans l'emploi des modes légaux ou par un
propriétaire non *dominus ex jure Quiritium*. Encore ce

jus Latii accordé à l'affranchi fut-il bien restreint. Nous savons, en effet, qu'on en détacha la faction de testament active, ou droit de faire un testament, et le *jus capiendi ex testamento*, ou droit de recueillir par testament.

2° *Municipium.* — Au nombre des modes d'assimilation employés par les Romains, nous devons ranger la concession du droit de cité faite à des villes qui prennent le nom de *municipium* et ses habitants celui de *municipes*. Le mot *municipes* servait à désigner : 1° les habitants d'une ville à qui le *jus civitatis* avait été conféré d'une façon générale soit *cum suffragio*, soit *sine suffragio* ; 2° les habitants de la ville à qui Rome avait offert le *jus civitatis* et qui l'avaient accepté ; 3° enfin, les étrangers qui avaient obtenu la participation aux droits du citoyen romain, en d'autres termes l'*isopolitie*, quand ils étaient à Rome. Le municipe de la troisième classe est l'habitant d'une ville étrangère, qui lorsqu'il se trouve à Rome y a les mêmes droits que le citoyen romain, sauf le *jus suffragii* et le *jus honorum*, et qui cependant conserve tous ses droits dans sa ville natale. Le municipe avait donc à Rome, le *commercium*, le *connubium* ; il supportait les mêmes charges que le citoyen romain et était inscrit sur un registre particulier, où on mentionnait le chiffre de sa fortune : Cère, dit Aulu-Gelle, fut le premier municipe, et nous savons que les *Cærites* étaient inscrits sur les *tabulæ Cæritum*. Sous certains rapports les *municipes* se rapprochaient des premiers colons romains, qui conservaient leurs droits de citoyen mais n'en avaient l'exercice qu'à Rome. Sous d'autre rapports, l'habitant du municipe différait complétement du Latin coloniaire. La colonie est sortie de Rome ; le municipe, au contraire, est une ville étrangère qui, dans une certaine mesure, s'en est rapprochée (1).

Cicéron, originaire du municipe d'Arpinum, nous indique bien la situation exacte de l'habitant du municipe : C'est, dit-il, un homme qui a deux patries, une patrie naturelle et une patrie civile « *Ego mehercle et Catoni et omnibus municipibus duas esse censeo patrias, unam natura, alteram civitatis* (2). » Les municipes jouissaient d'une organisation municipale indépendante et élisaient leurs magistrats, qui portaient le nom de *duumviri*. Les duumviri présidaient à l'administration de la justice et gouvernaient la cité conjointement avec un sénat ou *ordo decurionum* composé de cent membres. Sous Jules César, la loi Julia *municipalis* établit pour tous les municipes une espèce d'unité administrative. Les tables de Salpensa et de Malaga nous ont révélé les curieux détails de l'organisation municipale. On distinguait dans les municipes les habitants originaires de la ville même ou *municipes* et les *incolæ* ou étrangers qui étaient venus s'y établir. Les *municipes* eux-mêmes se subdivisaient en deux classes : les *municipes* citoyens romains, et les *municipes* latins.

Nous venons de parcourir quelques-uns des procédés que les Romains employèrent pour l'assimilation des personnes; voyons maintenant les modes d'assimilation du sol.

3° *Jus Italicum.* — Nous savons que seuls les citoyens romains ont l'aptitude aux droits civils et que les

____

(1) Aulu-Gelle, *Nuits attiques*, XVI
(2) *De legibus*, 11, 2.

étrangers en sont rigoureusement exclus; mais le privilége du droit de cité n'existe pas seulement pour les personnes, il existe aussi pour les choses. Il y a des choses étrangères comme il y a des personnes étrangères, et de même qu'on communique aux personnes étrangères le droit civil, de même on le communique aux choses étrangères. La concession du *commercium* à une personne lui donne la capacité de devenir propriétaire *ex jure Quiritium* et de faire tous les actes du droit civil; la concession du *commercium* à un sol étranger lui permet d'être l'objet du droit civil et le rend susceptible d'être possédé *ex jure Quiritium*. Il y a donc une distinction à faire entre le sol qui jouit du droit de cité et le sol qui est placé en dehors, distinction qui sans doute prit naissance à l'époque où l'on commença à Rome à distinguer le citoyen de l'étranger.

Le sol qui seul pouvait être l'objet du droit civil, comme seul le citoyen romain pouvait en être le sujet, était l'*ager Romanus*, cette première terre péniblement conquise par les Romains autour de Rome (1). L'augure et l'*agrimensor* avaient fixé ses limites, qui, ne dépassant pas d'abord l'enceinte sacrée de la ville, s'étendirent plus tard à cinq à six milles autour de Rome et s'arrêtèrent à cet endroit que Strabon appelle *Festi*. Tout possesseur d'une portion de l'*ager Romanus* avait les auspices et le *dominium ex jure Quiritium* ou domaine romain, si bien protégé et tellement privilégié, que les plébéiens aimaient mieux rester à Rome sans

____

(1) Ortolan, *Généralisation*, t. I, p. 600. Aujourd'hui encore la campagne de Rome porte son antique nom. On l'appelle l'*agro Romano*.

aucune possession, mais avec la perspective du partage de l'*ager Romanus*, que d'aller dans les colonies posséder un sol moins privilégié, qui ne donnait pas le droit de suffrage dans la curie : « Ils aiment mieux, dit Tite-Live, réclamer des terres à Rome qu'en posséder à Antium (1). »

Le privilége de l'*ager Romanus* fut étendu à des territoires étrangers, absolument comme le privilége du droit de cité avait été étendu à des personnes étrangères, et des traités concédèrent le droit de cité non-seulement aux habitants du Latium, des colonies, des municipes et de l'Italie, mais encore au sol qu'ils habitaient. Et c'est précisément parce que le *solum Italicum* obtint le premier, après la guerre Sociale, d'être assimilé à l'*ager Romanus*, que l'expression *jus Italicum* servit à désigner la communication du *jus civitatis*, ou plutôt d'un de ses démembrements, du *commercium*, à un sol, à un territoire même situé en dehors de l'Italie.

C'était autrefois une croyance assez généralement répandue que le *jus Italicum* ne constituait qu'un droit personnel, qui plaçait celui qui en était investi dans une situation intermédiaire entre le Latin et le pérégrin. Sigonius le premier avait accrédité cette erreur, que M. de Savigny a réfutée à l'aide d'arguments tirés des textes de Gaius et d'Ulpien (2). Ces deux jurisconsultes n'énumèrent, en effet, que trois classes de personnes libres, les *cives*, les *Latini*, les *peregrini*, sans jamais parler des *Italici*. Il faut en conclure que le *jus*

(1) Laferrière, *Essai sur l'histoire du droit français*, V, § 1.
(2) Savigny, *Vermischte Schriften*, t. 1, p. 29-50.

Italicum était un droit accordé à un territoire, un privilége qui avait pour effet de rendre le sol de ce territoire susceptible du *dominium ex jure Quiritium*. Le *jus Italicum*, qui très-probablement eut pour origine la loi Julia *municipalis*, fut d'abord un droit particulier à l'Italie. Ce fut un des modes employés pour compléter son unification, tant au point de vue des personnes qu'au point de vue du sol. La guerre Sociale n'avait eu, en effet, pour résultat direct, que l'assimilation des Latins aux Romains, et non l'assimilation du *solum Italicum* à l'*ager Romanus* (1).

Le *jus Italicum* conférait plusieurs avantages : les immeubles du territoire qui en étaient investis devenaient non-seulement susceptibles des modes d'acquisition et d'aliénation du droit civil tels que : la mancipation, l'usucapion, etc.; mais encore leurs détenteurs étaient exempts de l'impôt foncier, *vectigal*, et du *tributum capitis*, auxquels étaient soumis les détenteurs de fonds étrangers. En outre, les habitants du territoire investi du *jus Italicum* étaient recensés par leurs censeurs particuliers et non par des magistrats romains. C'est ce qui nous explique pourquoi, au titre *De censibus*, (50, 15, D.) nous trouvons une énumération des villes de province qui jouissaient du *jus Italicum*. On a même soutenu que le *jus Italicum* conférait encore un quatrième privilége, à savoir : l'indépendance municipale. Mais ce point est des plus discutables (2).

(1) V. Ortolan, *Généralisation du droit Romain*, p. 599, n° 113 et suivants; Demangeat, t. I, p. 161.

(2) Savigny, Puchta, M. Révillout (*Revue historique*, t. I, p. 341 et suiv.).

Extension du *jus Latii*, du *jus Italicum* et du *jus civitatis* aux provinces. — Tous les modes d'assimilation en usage chez les Romains que nous avons étudiés jusqu'à présent : *jus Latii*, *jus Italicum*, avaient eu pour objet d'effacer progressivement les différences qui séparaient la condition du Latin de celle du citoyen romain, jusqu'à l'unification complète de l'Italie après la guerre Sociale. Mais la distinction en étrangers et citoyens, en sol romain et sol étranger avait subsisté pour les provinces et leurs habitants. Il nous reste donc à dire comment après s'être assimilé l'Italie, Rome, à l'aide des mêmes procédés, s'assimila les provinces et leurs habitants.

On étendit d'abord aux étrangers provinciaux le *jus Latii*, c'est-à-dire qu'ils eurent alors une condition analogue à celle des Latins ; puis on étendit aux territoires le *jus Italicum*, c'est-à-dire le privilége de l'*ager Romanus*. Lyon, Vienne, Cologne, en Europe ; Laodicée, Césarée, Beryte, en Asie, et un grand nombre d'autres villes furent ainsi gratifiées du *jus Italicum* sous les empereurs.

Mais ce ne fut pas seulement le *jus Latii* et le *jus Italicum* qu'on accorda aux provinces ; on fit pour quelques-unes d'entre elles ce qu'on avait fait pour l'Italie tout entière après la guerre Sociale, et on leur accorda le plein droit de cité. César, que les provinces avaient soutenu dans sa lutte contre l'aristocratie romaine, accorda le droit de cité à la Gaule Transpadane et à la Gaule Cispadane. On vit alors des Gaulois siéger en qualité de sénateurs dans cette Rome qu'ils avaient brûlée et qui naguère décrétait le *tumultus* à leur approche. Le droit de cité fut même étendu à presque toute la Gaule, malgré l'opposition du sénat, et nous avons encore des fragments considérables du discours prononcé par Claude à cette occasion (1).

Toutes ces concessions diverses, *jus Latii*, *jus Italicum*, résultaient le plus souvent de traités, et à ce point de vue elles nous rappellent le caractère de notre mode d'assimilation de l'étranger au national qu'on appelle assimilation par traités. Mais les Romains connurent et pratiquèrent également un autre mode d'assimilation, qui pas plus que les précédents n'entraînait concession du titre de national, et dont les effets ont quelques points de ressemblance avec les effets actuels de notre autorisation de domicile.

4° *Autorisation de domicile.* — Après la conquête définitive de l'Italie, les étrangers commencèrent à affluer à Rome, dont les portes leur étaient ouvertes : « *usu Urbis prohibere peregrinos sane inhumanum est* », dit Cicéron. Mais les étrangers ne participaient point aux droits civils, et même quand ils mouraient, nous dit encore Cicéron, leurs biens étaient dévolus au fisc. Cependant l'étranger pouvait améliorer sa condition en demandant l'autorisation de séjourner à Rome et en se plaçant sous la protection d'un patron. Ce devait être chose facile d'en trouver un, car ce patron recueillait les biens de l'étranger à sa mort, au lieu et place du fisc. A ce point de vue l'autorisation de domicile à Rome diffère beaucoup de la nôtre. Dans notre législation, l'autorisation de domicile est une mesure toute d'équité et

____

(1) Ces fragments ont été retrouvés dans le Rhône, à Lyon, en 1528.

de protection ; chez les Romains c'était une mesure de spéculation.

5° *Populi fundi.* — Les Romains admirent-ils ce mode d'assimilation à caractère potestatif qui porte chez nous le nom de bienfait de la loi? On l'a soutenu, et beaucoup de bons esprits affirment encore aujourd'hui que les *populi fundi,* ou peuples qui adoptaient spontanément la loi romaine, *beneficio populi Romani,* étaient véritablement naturalisés par une espèce de bienfait de la loi. En effet, le mot *fundus* est synonyme *d'auctor.* Ainsi l'on dit *fundus esse sententiæ* pour signifier qu'on s'approprie une opinion que l'on approuve. Ce point admis, *populus fundus* exprimerait l'idée que le peuple choisit et consacre librement sa règle, c'est-à-dire abdique sa nationalité pour en adopter une autre (1). Cependant, pour qu'un peuple soit dit *fundus,* une adoption de la loi romaine ne suffit pas, il faut l'adopter *beneficio populi Romani :* Cicéron le dit positivement (*Pro Balbo,* n° 8) (2). Dès lors, si le *beneficium populi Romani* est la condition préalable de la collation de l'isopolitie, comment soutenir que la fundanéité soit un mode d'assimilation par bienfait de la loi (3)?

6° *Naturalisation.* — Quant à l'assimilation de l'étranger au national, avec concession du titre de national, ou naturalisation proprement dite, il est certain qu'elle fut connue et pratiquée à Rome. Il faut reconnaître,

(1) Aulu-Gelle, VIII, § 12.

(2) Cicéron, *Pro Balbo,* cap VIII : « *Fundi populi beneficio nostro, non suo jure, fiunt.* »

(3) Giraud, *Recherches sur le droit de propriété,* p. 308.

toutefois, que les premiers Romains ne se montrèrent pas prodigues du droit de cité, ils préféraient faire de ces concessions partielles que nous avons étudiées plus haut. Pendant longtemps, la naturalisation individuelle n'eut pas d'application dans la république; on ne connaissait que les naturalisations en masse, témoin ces paroles de Cicéron : « *Vetant duodecim Tabulæ leges privis hominibus irrogare.* » Marius, le premier, osa déroger à cette règle en naturalisant les habitants de quelques tribus qu'il avait fondées (1). Depuis la chute des rois, la naturalisation était conférée par un sénatus-consulte, une loi ou un plébiscite. Par le sénatusconsulte on n'acquérait qué le *jus Latii;* par la loi ou le plébiscite, le *jus Quiritium.* Ce n'était pas tout, il fallait encore obtenir des censeurs, pris en général dans les familles patriciennes et dont l'esprit était hostile aux étrangers, son inscription sur les registres du cens, pour que l'acquisition du titre de citoyen fût complète.

Dans les derniers temps de la république, les magistrats accordèrent la naturalisation, par délégation du peuple. Ainsi la loi Gellia Cornelia investit Pompée du droit de naturaliser, en Espagne, les étrangers qui avaient épousé la cause romaine lors de la guerre de Sertorius. César se fit accorder le droit de naturaliser par le pouvoir législatif, et sous les empereurs la naturalisation fut accordée à tout étranger qui la demandait : de privilége qu'elle était, elle devint comme un droit pour l'étranger. Enfin, par une constitution célèbre, Caracalla conféra le droit de cité à tous les habitants

(1) Cicéron, *pro Balbo,* cap. XXI.

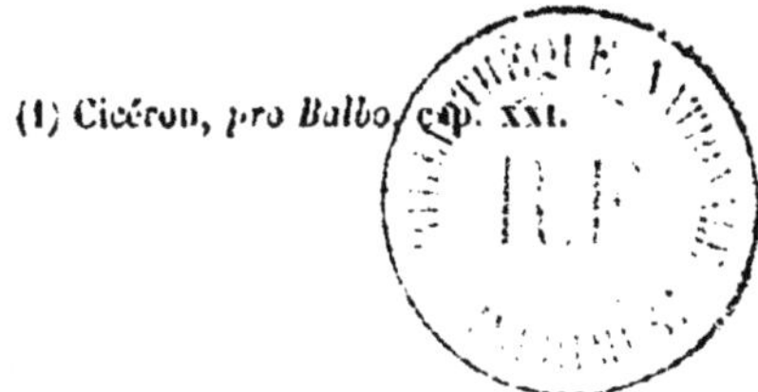

7

actuels de l'empire et à leur descendance. Ainsi un despote réalisa paisiblement, dans un but uniquement fiscal et avec plus d'étendue, la pensée démocratique qui avait valu une mort violente aux deux Gracchus et au tribun Drusus (1).

En résumant cette étude de la législation romaine, nous dirons que les Romains connurent et pratiquèrent trois modes d'assimilation de l'étranger au national qui se rapprochent beaucoup de ceux qui sont en vigueur chez nous, à savoir : les traités et l'autorisation de domicile ; peut-être le bienfait de la loi ; et la naturalisation proprement dite, ou assimilation complète avec concession du titre de national.

CHAPITRE III.

HISTOIRE DE LA CONDITION DES ÉTRANGERS EN FRANCE. ORIGINE DES MODES ACTUELS D'ASSIMILATION DE L'ÉTRANGER AU NATIONAL. DROIT GERMANIQUE. DROIT FÉODAL ET COUTUMIER.

Les codes des peuples se font avec le temps, mais à proprement parler on ne les fait point (2). Une législation est l'œuvre des siècles et non l'œuvre d'un jour; c'est le passé qui engendre le présent. Il est rare que le législateur innove; le plus souvent il ressuscite, en y

(1) M. Accarias, *Précis de droit romain*, t. I, p. 94, n° 51.
(2) Portalis, *Discours préliminaire du Code civil.*

apportant les modifications nécessaires, les règles des temps passés. Pour bien comprendre donc les lois actuelles, il faut connaître ce qui a été, les lois, les usages anciens.

L'étude que nous venons de faire de la législation romaine nous montre que ce n'est pas dans ses dispositions qu'il faut chercher l'origine véritable de la condition juridique des étrangers en France et des modes de leur assimilation au national. Nous allons la trouver dans les mœurs et les coutumes des Germains, mœurs et coutumes entièrement originales sur lesquelles le droit romain n'a eu aucune influence. Nos ancêtres méprisaient trop ceux qu'ils avaient vaincus pour leur emprunter leur loi et s'inspirer de l'esprit de leur législation : « Nous autres Lombards, dit l'historien Luit-« prand, de même que les Saxons, les Francs, les Bava-« rois, les Souabes et les Burgondes, nous méprisons « si fort le nom romain, que dans notre colère nous ne « savons pas offenser nos ennemis par une plus forte in-« jure qu'en les appelant des Romains : car par ce nom « seul nous comprenons tout ce qu'il y a d'ignoble, de « timide, d'avare, de luxurieux, de mensonger, tous les « vices enfin. » (1) C'est donc à tort que les légistes du moyen âge ont rattaché au droit romain la paternité des dispositions des coutumes germaines à l'égard des étrangers. Voyons quelles étaient ces coutumes germaniques qui continrent les germes de la condition actuelle des étrangers en France et des modes de leur assimilation au national.

(1) Luitprandus, *In legatione*, t. II, p. 481.

SECTION PREMIÈRE

Droit germanique.

La Germanie était une vaste association de plusieurs peuplades, qui elles-mêmes se subdivisaient en une multitude d'associations plus petites. Ces associations portaient le nom de *Gau* dans la langue tudesque et de *Pagus* dans la langue romaine; elles reposaient toutes sur un principe uniforme, le principe de la garantie mutuelle et solidaire, c'est-à-dire que tous les membres de l'association étaient solidairement responsables les uns des autres. Elles avaient pris naissance à l'époque où il n'y avait pas encore de pouvoir public assez fort pour protéger les individualités, à l'époque où chacun pour protéger sa vie et ses droits ne pouvait compter que sur lui-même. Un certain nombre d'hommes se réunissaient et formaient alliance ; ils prenaient l'engagement de se prêter aide et assistance réciproques pour la protection de leur vie, de leur famille, de leurs biens, en un mot de tous leurs droits. Par une corrélation logique et nécessaire, tous les membres de l'association étaient solidairement responsables des violations des droits d'autrui ou des méfaits commis par un de ses membres. Ces violations, ces méfaits donnaient droit à une réparation pécuniaire ou *Wehrgeld*, et chaque association avait droit ou était soumise à la poursuite de ce *Wehrgeld* suivant qu'un de ses membres avait été la victime ou l'auteur du délit : « *Suscipere tam inimicitias seu patris seu propinqui quam amicitias necesse est* » (Tacite, *De m. germ.*, XXI).

Quiconque voulait être admis dans une association devait obtenir le consentement de tous ses membres, qui à l'occasion auraient été responsables pour lui du payement du *Wehrgeld*. Tous les hommes libres pouvaient faire partie de ces associations ou tribus, et ils portaient alors des noms différents suivant leur nationalité. On appelait les membres de l'association *Arrimani* ou *Hermanni* chez les Lombards, *Friborgi* chez les Anglo-Saxons, et *Rachimburgi* chez les Francs. l'*Arriman*, c'est l'homme libre, qui seul a le droit de porter les armes; ce privilége distingue le citoyen, le national, de l'étranger. L'étranger ne fait point partie de l'association : il ne présente aucune garantie; il n'a pas le droit de porter les armes; et même pour que le membre d'une association obtienne ce droit, il faut le consentement de tous : *arma sumere non ante cuiquam moris quam civitas suffecturum probaverit* (Tacite, *Germanie*, § 13); alors il est non-seulement national, mais encore citoyen, c'est-à-dire qu'il a l'exercice des droits politiques. Le *Friborge*, membre du *Teodunge* ou association anglo-saxonne, c'est l'homme libre, puissant, qui est et qui a des garants (V. *les lois de Canut le Grand*, Cinciani, cap. XIX) (1). Le *Rachimbourg*, chez les Francs, présente les mêmes caractères et a les mêmes droits que le *Friborge* chez les Anglo-Saxons. A côté des *Pagi* ou associations germaines, nous devons également mentionner les *Ghildes*

______

(1) C'est du mot germanique *borge* que sont venus les mots français, *bourg* et *bourgeois*.

(gyldæ) ou associations normandes analogues dont M. Augustin Thierry a donné cette belle définition : « C'était une sorte de communion païenne qui entretenait, par de grossiers symboles et par la foi du serment, des liens de charité réciproque entre les associés; charité exclusive, hostile même à l'égard de tous ceux qui, étant restés en dehors de l'association, ne pouvaient prendre les titres de convive, conjuré, frère du banquet (1). »

Ce système d'organisation sociale des peuples germaniques entraînait les conséquences suivantes : quiconque ne faisait pas partie d'une association, quiconque n'était ni Ariman, ni Friborge, ni Rachimbourg était étranger et portait le nom de *Warganeus* ou de Gargangus. Ce n'était donc ni l'origine, ni le lieu de la naissance qui rendait étranger, mais le défaut d'affiliation à une communauté d'homme libres et par suite l'absence de toute garantie. Le *Warganeus* n'a point de garants qui puissent payer le *Werhgeld* en son lieu et place : en conséquence, il est mis hors la loi, il n'a aucun droit, il est exposé à tous les mauvais traitements. Objet de la défiance générale, personne ne le protége ; les Saxons vont même jusqu'à le vendre comme esclave s'il ne trouve point de garants : « *Peregrinum qui patronum non habebat vendebant Saxones.* » La condition que nos lois actuelles font à l'étranger non autorisé à résider en France est un souvenir de la condition de l'étranger en Germanie telle que nous venons de l'esquisser.

Les modes d'assimilation du *Warganeus* au *Rachim-*

____

(1) *Récits mérovingiens*, t. 1, p. 268 et suivantes.

bourg que nous allons étudier nous rappelleront également nos modes actuels d'assimilation de l'étranger au national et nous en revéleront l'origine. La condition de l'étranger en Germanie était trop dure pour n'être pas susceptible d'adoucissement ; si l'étranger n'a droit à aucune protection, à aucune garantie, c'est que lui-même ne présente point de garant de ses bonnes intentions. Mais qu'il trouve un répondant, un hôte sous l'*avouerie* duquel il se place, alors il n'a plus rien à craindre : « *Et ad majorem securitatem fovendam ordinavit insuper et præcepit quod nullus extraneus in forinsecum capitis villæ aut in suburbio hospitetur, nisi hospes ejus pro eo voluerit respondere* (1). » Ajoutons que les mœurs et les coutumes des Germains, si toutefois Tacite était bien renseigné, leur faisaient un devoir de l'hospitalité : « *Convictibus et hospitiis non alia gens effusius indulget; quemcumque mortalium arcere tecto nefas habetur... Notum ignotumque quantum ad jus hospitii nemo discernet* » (*Germanie*, § 22). César lui-même avait déjà dit : *Hospites sanctos habent* (2). Cependant si les mœurs faisaient au Germain un devoir de l'hospitalité, elle ne le rendaient point garant de son hôte malgré lui ; il eût été, en effet, par trop injuste de le forcer à répondre d'un individu qu'il ne connaissait pas, et ce n'est qu'en gardant l'étranger trois nuits consécutives sous son toit qu'il devenait son garant et s'exposait à payer le *Wehrgeld* pour lui : lisons la loi d'Edric, § 15 : « *Si quis adveram tribus noctibus hospitio exceperit in*

---

(1) La *Fleta*, lib. I, cap. xxiv, § 24.
(2) Cæsar, *De bello Gallico*, IV, 21.

*propriâ suâ domo mercatorem aut alium qui extra li-
mites advenerit et eum ibi suo cibo aluerit et is tum
alicui malefecerit, ipse alterum illo judicio sistat aut
rectum perdat (1).* » Quant au Germain qui veut éviter
toute solidarité et ne point se porter garant de son hôte,
il n'a qu'à lui indiquer une maison voisine où il recevra l'hospitalité : « *Quum defecere qui modo hospes
fuerat, monstrator hospitii et comes, proximam domum
non invitati adeunt, nec interest, pari humanitate acci-
piuntur* (2). » La loi Gombette s'était inspirée de principes encore plus hospitaliers et elle autorisait l'étranger à
résider sans même exiger de garants : §5 « Tout étranger qui viendra dans notre pays avec dessein d'y fonder
son habitation pourra le faire où bon lui semblera et
avec qui bon lui semblera, et qu'aucun ne s'imagine avoir
le droit de faire un esclave de cet étranger ou même
n'ose nous demander de le déclarer son esclave; » et
plus loin c'le se montrait encore plus favorable pour l'é-
tranger : « *Si in causâ privatâ iter agens ad Burgondionis
domum venerit, et hospitium petierit, et illę domum
Romani ostenderit, et hoc potuerit adprobare, inferat illi
cujus domum ostenderit solidos tres, et mulctæ nomine
solidos tres* (3). » L'étranger était encore autorisé à résider sans garants lorsqu'il avait séjourné sur le territoire de l'association pendant douze mois et avec l'assentiment de tous les membres de la communauté;

(1) V. le *traité anglo-normand* de Brithou, ch. XII, et les lois d'É-
douard le Confesseur, t. XXVII, *de hospitibus* (Cacciani, t. IV, p. 231.)
(2) Taciti *Germania*, XXI.
3) Canciar i, *Barbarorum leges antiquæ*, tit. XXXVIII, p. 23.

mais l'opposition d'un seul l'eût forcé de partir : la loi salique est formelle à cet égard : « *Si quis admigravit et ei aliquis infra duodecim menses nullus testatus fuerit, ubi admigravit, securus alii vicini consistat* (1). » L'étranger alors est non-seulement libre, mais encore il entre dans le système de garantie générale, *omnis homo qui voluerit se teneri pro libero, sit in plegio*; cependant s'il est naturalisé national, il n'est pas citoyen. Solennellement admis dans l'association par tous les associés, l'étranger acquiert le droit de porter la framée et peut faire partie de l'assemblée ou *Mallum;* il peut également acquérir la propriété de la *terra salica, quam homo potest in lecto suo languens legare;* enfin il a le droit de vengeance privée : en un mot l'étranger déjà national devient citoyen.

Les trois modes d'assimilation de l'étranger au national que nous venons de voir en vigueur chez les Germains, à savoir : cette espèce d'assimilation résultant de l'autorisation de domicile, les concessions du titre de national et de citoyen résultant du séjour d'une année et de l'admission solennelle au Mallum, sont l'origine de notre autorisation de domicile, de notre naturalisation ordinaire et de notre grande naturalisation. Mais les Germains, toujours en guerre les uns contre les autres, ne connurent jamais ces sortes de concessions réciproques que les peuples se font les uns aux autres et qui constituent ce qu'on appelle aujourd'hui l'assimilation par traités. Les Germains ne connurent pas davantage cette naturalisation privilégiée sous condi-

___

(1) Pardessus, *Lex salica*, tit. XLV, de *migrantibus.* 2.

tions potestatives qui porte chez nous le nom d'assimilation par bienfait de la loi. La raison en est simple, cette assimilation constitue pour celui qui en profite un droit et non une faveur. Or, l'organisation sociale de la Germanie, que nous venons d'étudier, se refusait énergiquement à une pareille pratique; et il était de toute impossibilité qu'un étranger pût s'imposer à l'association et y entrer de droit sans que les membres de l'association eussent vérifié si l'étranger présentait toutes les garanties désirables. Cependant on a soutenu que dans le droit germanique les *professiones legis* constituaient en réalité une sorte de naturalisation par bienfait de la loi, c'est-à-dire sous conditions potestatives. Nous allons dire quelques mots de cette question.

La conquête de la Gaule eut pour effet de modifier la condition de l'étranger telle que nous venons de la voir dans le droit germanique. Les deux peuples, Francs et Gallo-Romains, se trouvèrent réunis sur un même territoire; le mélange des deux races fut l'œuvre du temps, et tant qu'il ne fut pas complétement opéré, vainqueurs et vaincus conservèrent leurs lois et leurs mœurs distinctes. Toutes les lois étaient personnelles : Francs, Gallo-Romains, Goths, Burgondes vivaient chacun d'après leur droit, et Agobard pouvait écrire au roi Louis le Débonnaire : « On voit souvent converser ensemble cinq personnes dont aucune n'obéit aux mêmes lois. » C'est de là qu'est sorti le système dit des lois personnelles, par opposition aux lois réelles ou territoriales. Les lois personnelles régissent en principe l'état et la capacité de l'étranger; les lois réelles ou territoriales régissent ses propriétés, et à ce point de vue l'étranger est assimilé au national. Avant la conquête le système de la personnalité des lois n'existait pas, l'étranger qui vivait au milieu des Germains était soumis non à sa loi nationale mais à la loi germanique, c'est ce qui résulte clairement de ce passage célèbre de la loi salique : « *Si quis ingenuus Francum aut hominem barbarum qui lege salicâ vivit occiderit...* (1). » Mais après la conquête, on dut nécessairement appliquer la loi romaine aux Gallo-Romains et la loi salique aux Francs seulement ; puis quand les Wisigoths, les Burgondes, les Allemands eurent été soumis et incorporés dans l'empire franc, il fallut également leur laisser leur droit national, et au septième siècle le principe de la personnalité des lois était en pleine vigueur, témoin ces paroles de Marculfe : « Tu commanderas tous les peuples qui existent dans ton comté, mais tu auras soin de ne faire appliquer à aucun une autre loi que la sienne. Nous savons aussi que la loi des Ripuaires reconnaissait expressément la loi salique, la loi des Burgondes et la loi des Allemands. Il y eut donc dans l'empire franc autant de lois que de peuples, et cela dura jusqu'à ce que tous ces peuples divers, Francs, Allemands, Burgondes, Gallo-Romains se fussent fondus en un seul peuple et eussent formé une seule nationalité, la nationalité française. Ces lois personnelles, lois barbares, capitulaires de Charlemagne, donnèrent naissance à nos anciennes coutumes, qui disparurent à leur tour en 89 à l'époque ou se réalisa l'unité nationale.

____

(1) Montesquieu a soutenu que le système des lois personnelles existait chez les Germains avant la conquête. (*Esprit des lois*, lib. XXVIII, 11.)

« Ces coutumes, dit M. Demangeat, étaient d'abord
« attachées au territoire, de même que ceux auxquels
« elles s'appliquaient avant de passer de l'état de serfs
« à celui de vilains ou de coutumiers étaient renfermés
« dans le fief comme dans une prison. Elles s'étendaient
« seulement sur un certain ressort dont elles ne pou-
« vaient sortir, elles étaient exclusivement réelles et
« nullement personnelles. Ce n'est guère qu'au treizième
« siècle, lors de l'émancipation des communes, qu'on
« commença à reconnaître dans les coutumes des sta-
« tuts personnels, c'est-à-dire susceptibles de suivre la
« personne pour régler sa capacité en quelque lieu
« qu'elle allât résider (1). »

Le système de la personnalité des lois suivi dans le
royaume Franc jusqu'au dixième siècle entraînait les
conséquences suivantes : les biens n'étaient pas soumis à la loi territoriale, mais régis par la loi du possesseur, sauf en ce qui concerne les alleux, susceptibles d'être possédés par les Francs seuls. La capacité
et les droits d'une personne étaient, en général, réglés
par sa loi nationale et on désignait le droit personnel
d'un individu par le nom de sa nation.

Plusieurs auteurs, Muratori, entre autres, enseignent que tout individu pouvait choisir librement la
loi qu'il voulait suivre, celle de sa nation ou celle d'une
autre. Nous allons exposer cette opinion, connue dans
la doctrine sous le nom de théorie des *professiones
legis*.

(1) Demangeat, *Histoire de la condition civile des étrangers en
France*, p. 63.

L'Italie avait eu des destinées semblables à celles de la Gaule ; elle avait même été visitée par un plus grand nombre de barbares, et les races y étaient encore plus mélangées. Le système des lois personnelles y fut donc également suivi, mais présenta dans son application de bien plus grandes difficultés qu'en Gaule, et cela à raison même de la multiplicité des peuples divers qui avaient envahi l'Italie. Dans toutes les contestations, on commençait donc par rechercher quelle était la nationalité des parties, pour leur appliquer ensuite leur loi personnelle. Chacun devait produire la justification de sa nationalité, et l'acte contenant cette justification; et, par, suite, l'indication de la loi qui devait être appliquée portait le nom de *professiones legis*. En 824, Lothaire décida par un capitulaire, que les Romains seraient interrogés sur la loi qu'ils entendaient suivre : « *Volumus ut omnis senatus et populus Romanus interrogetur quali vult lege vivere et sub eâ vivat.* » C'est de ce texte, qu'on a conclu que chacun en Italie pouvait librement adopter la nationalité qui lui plaisait. On s'est encore appuyé, mais en le corrigeant, sur un autre texte de la loi salique que nous avons déjà rapporté : *Si quis ingenuus Francum aut hominem qui lege salicâ vivit occiderit,* » pour soutenir que ce système était suivi en France et que le Gallo-Romain pouvait également opter pour la loi salique, en un mot, *professionem legis salicæ facere.* Si cette théorie des *professiones legis* devait être admise, il en résulterait que nos ancêtres connaissaient les naturalisations volontaires (1).

---

(1) Montesquieu, qui admet la théorie des *professiones legis*, voit dans

Mais toute cette théorie est-elle bien exacte? Il nous semble tout d'abord qu'on s'est mépris sur la portée de la constitution de Lothaire, et ensuite sur le sens du texte précité de la loi salique. En effet, Lothaire accorde le droit d'option, non pas à un homme pris individuellement, mais à des cités qui auraient pu faire choix d'une loi unique. Nous devons observer en outre, que la constitution de Lothaire, étant spéciale à l'Italie, ne doit pas être étendue à d'autres pays. Enfin, M. de Savigny a porté le dernier coup à ce système en faisant remarquer que l'on ne demandait pas aux parties, sous quelles lois elles voulaient se placer, mais quelle était leur nationalité et par suite la loi qu'on devait leur appliquer (1).

Le nom de la nation décidait de la loi. Quant au texte de la loi salique, ce n'est qu'en y interpolant le mot *barbarum* (2), qu'on a pu en tirer argument et y découvrir trois classes de personnes : le barbare, le Franc, et l'homme *qui lege salicæ vivit*, le Gallo-Romain, *qui legis salicæ professionem facit*. Concluons donc, en disant que les *professiones legis* n'ont jamais eu le caractère qu'on leur a attribué, et qu'elles ne constituaient pas un mode de naturalisation volontaire.

le libre choix de nationalité qu'elles autorisaient, une des causes de la chute du système de la personnalité des lois, et la raison pour laquelle le Midi devint pays de droit écrit, et le Nord pays de droit coutumier (*Esprit des lois*, l. XVIII, ch. iv.)

(1) Savigny, *Histoire du droit romain au moyen âge*, t. I, p. 164 et suiv.

(2) Le seul texte qui présente cette leçon est le texte édité par Herold.

Cependant, nous devons ajouter, avant de clore cette discussion, que M. de Savigny dans ses derniers travaux sur le droit romain au moyen âge semble avoir modifié sa première opinion et admis que dans certains cas, qui d'ailleurs étaient controversés, les parties pouvaient, par exception, choisir librement la loi *quâ vivere vellent* (Gloses du XIIIe siècle sur la loi lombarde (1).

SECTION II.

Droit féodal et coutumier. Droit des ordonnances.

Sous les rois de la seconde race la condition de l'étranger dut être ce qu'elle avait été avant la conquête et en dehors du droit commun ; car les idées germaniques étaient encore en vigueur. Une partie des Francs s'établit sur les terres conquises qui furent tirées au sort et qui de là prirent le nom d'alleux ; mais tous les Francs ne cessèrent point d'être nomades, un grand nombre au lieu de se fixer sur le sol préféra s'associer à la fortune d'un chef renommé et le suivre dans ses expéditions. A partir de cette époque, l'étranger ne fut plus comme en Germanie l'individu qui n'était membre d'aucune association, mais celui qui était né en dehors de l'empire franc et qui n'était point d'origine franque. Sans défense, à la discrétion du plus fort, l'étranger dut

____

(1) D'après M. Demangeat, ces cas auraient été au nombre de trois (*Histoire de la condition civile des étrangers en France*, p. 59).

imiter l'exemple de ceux qui n'avaient ni alleux ni bénéfices, et acheter moyennant le sacrifice de son indépendance la protection des hauts barons francs. Cet
usage donna naissance à la recommandation, si fréquente
sous les rois des deux premières races.

Cette protection était encore probablement peu efficace, car Charlemagne et les rois ses prédécesseurs s'ef-
forcèrent d'améliorer la condition de l'étranger, et fini-
rent même par le prendre complétement sous leur
protection. Dagobert invoque les livres saints pour dé-
fendre d'inquiéter l'étranger : « *Peregrinum et advenam
non contristabis.* » Dans un capitulaire du mois de
mars 779 Charlemagne dit : « *Qui ad palatium aut
aliubi pergunt, ut eos cum collectâ nemo sit ausus ad-
salire.* » Par un capitulaire de 802 il place les étrangers sur la même ligne que les églises, les veuves et
les orphelins dont il s'est constitué le protecteur et le
défenseur. Par un autre capitulaire de 803 il com-
mande à chacun de donner à l'étranger une place au
foyer et un gîte pour se reposer ; le cheval même a
droit à la nourriture : « *Volumus ut infra regna Christo
propitio nostra, omnibus iterantibus nullus hospitium
deneget, mansionem et focum tantum.* » Charlemagne
prescrit également à ses *missi dominici* de faire chaque
année le recensement des étrangers établis dans la
missaticum.

Mais au neuvième siècle une révolution sociale et
politique s'opère ; le système féodal pressenti par Charlemagne, en vain combattu par Charles le Chauve et
définitivement consacré par le capitulaire de Kiercy-
sur-Oise qui déclare les fiefs héréditaires, s'organise.

Les anciens gouverneurs de Charlemagne, ducs, marquis, barons proclament leur indépendance; dans le vaste empire franc chacun se taille à sa guise et suivant ses forces un petit royaume, et non-seulement on s'arroge la propriété du sol, mais encore ses dépendances, tout ce qui vit dessus : l'homme devient l'accessoire de la terre. Le droit barbare se transforme en droit coutumier, et le *Warganeus* ou *Gargangus* devient l'Aubain ou l'Épave.

C'est au neuvième siècle dans une charte de Louis le Débonnaire de 820, octroyée à l'évêque Ynchadus que nous trouvons pour la première fois le mot Aubains, *Albani*, expression générique qui servait à désigner tous les étrangers parce que c'était le nom du peuple le plus voyageur d'alors, des Scotts ou Écossais. C'est ainsi qu'au moyen âge, les orientaux appelaient Francs *Franki* tous les chrétiens d'Europe à quelque nation qu'ils appartinssent (1). Quant au mot Epaves il vient du latin *expavefacta*, nom qu'on donnait à un animal égaré et sans maître. ' vieil extrait des registres de la Cour des comptes va nous montrer la différence qui existait entre l'Aubain et l'Epave : *Aubains sont hommes et femmes qui sont nez en ville dehors le royaume si prochain que l'on peut connaître les noms et nativitez de tels hommes et femmes; et quand ils sont venus demeurer au royaume, ils sont proprement appelés aubains et non espaves. Espaves sont hommes et femmes nez dehors le royaume de si loingtains lieux que l'on n'en peut au royaume avoir connaissance de leur nativité; et quand ils sont demeurants au*

(1) Willebrandus ab Oldenborg, *Recueil des historiens byzantins.*

8

royaume peuvent être dits espaves. Cependant voici un deuxième texte duquel il semble résulter qu'on donnait aussi le nom d'aubains à des individus nés en France mais dont l'origine était obscure : *Item tous aubains sont personnes qui ne savent dont ils sont naiz, ne dont ils sont extraits : comme on pourrait dire enfants nouveaux naquis et gaignes par aucunes jeunes femmes, désirant être célées et pour ce les font mettre aux huys d'aucunes églises avec du sel en signifiant qu'ils ne sont pas baptisez, ou autres enfants apportes d'estranges païs, comme enfans pris en guerre si jeunes qu'ils ne scavent dire dont ils sont, ni les noms des père et mère.*

La condition de l'aubain et de l'épave semble avoir été de tous points analogue. Mais pendant longtemps les aubains se sont divisés en deux classes qu'il ne faut pas confondre, parce qu'on leur appliquait des règles différentes. Les aubains de la première classe étaient les individus qui quittaient soit l'évêché, soit la chastellenie, (c'est-à-dire le territoire du *bers* ou baron) où ils étaient nés et venaient s'établir en un autre évêché ou chastellenie. Ils étaient alors considérés comme étrangers, traités comme tels et soumis au droit d'aubainage. C'est qu'en effet au moyen âge chacun était parqué sur le territoire de la seigneurie où il était né, devait y vivre et y mourir ; le simple changement de diocèse, *de Crème* comme on disait alors, avait le même effet qu'une expatriation lointaine.

Les aubains de la deuxième classe étaient les individus qui nés en pays étrangers avaient fixé leur domicile en France. Dans les *Établissements* de saint Louis on donne à ces aubains qui seuls, à proprement parler, étaient des étrangers, le nom de *meerus* méconnus ou gens dont l'origine est inconnue.

Saint Louis affranchit les aubains de la première classe du servage et les soumit simplement à la disposition suivante : Si aucuns hons estrange vient ester en aucune chastellenie de aucun baron et il ne fasse sainnieur dedans l'an et jour il en sera exploitable au baron, et si avanture était qu'il mourust et il n'eût commandé à rendre IV deniers au baron, tuit ses meubles seraient au baron (1). Deux causes motivèrent cette disposition et contribuèrent à faire disparaître les usages qui faisaient considérer en France, des Français comme des étrangers : l'émancipation des communes d'abord, et ensuite la lutte heureuse entreprise par le roi souverain fieffeux du royaume contre les grands feudataires (2). Le roi, en effet, ne considérait comme étrangers que ceux qui étaient nés en dehors du royaume, et peu à peu il parvint à faire respecter ce principe par tous ses vassaux.

Quant aux étrangers véritables, ou aubains de la deuxième classe, leur condition demeura toujours très-dure. Les anciens principes germaniques étaient toujours observés à leur égard, les seigneurs les faisaient serfs ou mainmortables. Lisons l'ancienne coutume de Champagne : *Quand aucuns albains vient demeurer dans la justice d'aucuns seigneurs et li sires dessous qui il vient ne prend le service dedans l'an et jour ; si les gens du roy*

(1) *Établissements*, liv. I, chap. 87 ; *d'hor. e estrange qui n'a point de seigneur.*

(2) Demangeat, *Histoire de la condition civile des étrangers en France.*

le savent ils en prennent le service et est acquis au roy. Saint Louis affranchit également ces aubains et décida qu'à la mort de celui qui laisserait des enfants, le seigneur sur la terre duquel il serait décédé aurait droit à la moitié des meubles ; et à défaut d'enfants à la totalité des biens du défunt, à la charge « de rendre sa dette et s'aumosne » c'est-à-dire d'acquitter les dettes et les legs. Ce n'est guère cependant qu'au quinzième siècle qu'on cessa complétement de considérer les étrangers comme des serfs, et encore le droit d'aubaine vint-il remplacer pour eux la servitude.

Par droit d'aubaine on entendait la double incapacité dont était frappé l'étranger de succéder et de transmettre soit *ab intestat* soit par testament, à ses parents et à tous autres. Le droit d'aubaine n'est autre chose qu'un vestige du vieux droit germanique : le *Warganeus* ne pouvait être propriétaire en Germanie, où les terres se partageaient exclusivement entre tous les hommes libres, membres de l'association. De même après la conquête de la Gaule, la terre salique ou alleu fut l'apanage exclusif du guerrier franc ; l'étranger qui ne participait pas au droit civil, qui était en dehors de l'association ne put en avoir la propriété, et c'est de cette incapacité que sortit le droit d'aubaine. C'est donc dans l'esprit des mœurs et coutumes germaines qu'il faut chercher l'origine du droit d'aubaine, et c'est à tort que certains auteurs ont prétendu qu'il avait été établi en France en haine des Anglais et par représailles d'un statut d'Édouard III (1328), qui enlevait aux étrangers et par conséquent aux Français le droit de succéder en Angleterre.

L'étranger soumis au droit d'aubaine vit libre et meurt serf en France. Cependant on lui permettait quelquefois de tester *ad pias causas* pour le remède de son âme, mais il ne pouvait alors disposer de plus de cinq sols. Quant à l'incapacité de recueillir, on n'admit jamais aucune exception. « Aubains ne peuvent succéder. » L'étranger ne pouvait transmettre, à titre de succession les biens qu'il laissait en France au moment de son décès, parce que c'était un principe, « qu'il ne pouvait avoir d'autres héritiers que de son corps procréez en loyal mariage, » d'où il suit qu'on excluait de sa succession : 1° les héritiers étrangers; 2° les parents français de l'étranger. Il ne pouvait succéder en France, parce que c'est là, disait-on, un droit civil dont la jouissance n'est réservée qu'aux membres de la cité et qu'en outre il existait des édits qui prohibaient l'exportation des matières d'or et d'argent. Mais au douzième siècle, à l'époque de la résurrection du droit romain, on avait commencé à faire une distinction entre les actes du droit civil et les actes du droit des gens. L'étranger était incapable de faire les premiers, et il était habile à faire les seconds, ainsi il pouvait transmettre ou acquérir par donation entre vifs.

Ce n'est qu'au quatorzième siècle qu'on cessa de considérer les étrangers comme des serfs, et encore pour eux, le droit d'aubaine remplaça la servitude. Les rois qui avaient d'abord commencé par affranchir tous les étrangers de leur domaine, ressuscitèrent ensuite à leur profit les anciens principes de Charlemagne : « Le roi est le patron des étrangers », et ils placèrent les aubains sous leur *avouerie*. Nul seigneur ne peut molester l'étranger qui fait aveu au roi. Les rois firent même un pas de plus et voulurent être les seuls seigneurs que pût reconnaître l'étranger. C'est ainsi que les rois parvinrent à s'attribuer tous les bénéfices que les seigneurs retiraient des étrangers, et notamment le droit d'aubaine malgré les efforts de notre grand jurisconsulte Dumoulin, qui soutient que le droit d'aubaine appartient aux seigneurs.

Le droit d'aubaine s'exerçait au profit de la couronne, et sous ce nom on désignait le plus souvent, dans un sens très-restreint et tout fiscal, le droit en vertu duquel le roi prenait la succession de l'aubain par suite de son incapacité de transmettre. Droit domanial, le droit d'aubaine était à ce titre, inaliénable. En effet le domaine ne peut être démembré, *« semblable à la tunique sans couture qui ne fut divisée. »* Le roi, lors de son avénement devait jurer de respecter l'inaliénabilité du domaine. Le droit d'aubaine appartient au roi seul : la coutume ne peut lui tollir ce droit. Il ne peut être cédé ni donné conformément à la maxime que : *« in « generali concessione vel donatione a principe facta, non « intelliguntur comprehensa jura peregrinalia quæ appel- « lantur foragia. »* Bacquet nous apprend que cette prérogative de la couronne était fondée : 1º sur ce que le roi seul peut donner des lettres de naturalisation ; 2º sur ce qu'il y a eu commise par suite de la contravention faite aux lois et aux statuts du royaume qui ne permettent point à l'étranger d'acquérir biens en France (ainsi qu'en Bohême, Ferrare et Angleterre) ; 3º sur ce qu'il appartient au roi seul d'autoriser l'étranger à se fixer en France.

Dans un autre sens plus large on entendait par droit d'aubaine, le droit applicable aux étrangers. Tel est le sens dans lequel il est pris, notamment par Bacquet, intitulant son livre : *Du droit d'aubaine.* Les aubains, par exemple, étaient soumis à certaines redevances annuelles, qui sont évidemment un vestige de leur ancien état de servitude et qui prirent le nom de droit de *chevage.* Dans le baillage de Vermandois, nous voyons que : « tous bâtards et aubains furent, chacun an, contraints à bailler ou faire mettre par écrit leurs noms et surnoms, et à payer 12 deniers parisis le jour de la Saint-Rémi, à peine de 7 sous 6 deniers d'amende. »

Les aubains étaient encore soumis au droit de *formariage.* L'aubain qui épousait une femme d'une autre condition que la sienne, ou née dans une autre seigneurie devait non-seulement obtenir l'autorisation de son seigneur, mais encore payer une redevance pour avoir *forligné,* et c'est cette redevance qu'on appelait droit de formariage. Nous lisons dans la coutume de Châlons : « Bastards et Aulbains ne peuvent se marier sans encourir les peines de formariage. »

De tout ce qui précède, il résulte que la condition des étrangers en France était bien dure, notamment au point de vue de la double incapacité dont ils étaient frappés de succéder et de transmettre, soit *ab intestat,* soit par testament, à leurs parents et à tous autres. Mais le droit d'aubaine reçut des restrictions et des adoucissements successifs, et disparut même complétement chaque fois que l'étranger fut assimilé au national. En étudiant donc ces restrictions et ces adoucissements apportés au droit d'aubaine, nous verrons en même temps les

modes d'assimilation plus ou moins complète de l'étran-
au national, qui furent en vigueur en France depuis
l'établissement du régime féodal jusqu'à la révolution
de 1789.

1° Il y avait une première exception au droit d'aubaine en faveur des enfants de l'étranger nés et domiciliés
en France. La présence d'un seul enfant se trouvant
dans ces conditions suffisait pour écarter le fisc et permettre à tous les autres enfants de venir à la succession.

2° On admettait une seconde exception pour les rentes
provenant d'emprunts publics. Les édits qui créaient
ces rentes les affranchissaient du droit d'aubaine (édits
de juillet 1559; décembre 1674; août 1720.)

3° Les services rendus au pays par certaines personnes avaient motivé en leur faveur une troisième
exception; ainsi l'article 12 de l'édit de novembre 1667,
relatif à la manufacture royale des Gobelins portait :
« que les ouvriers employés dans cette manufacture qui
viendraient à décéder y travaillant actuellement, seraient
réputés *régnicoles*, et leurs successions recueillies par
leurs enfants et héritiers. » (V. Déclaration du 30 novembre 1715, — ordonnance de Dieppe, juillet 1475,
— ordonnance de Tours, mars 1483).

4° La naturalisation particulière et la naturalisation
générale engendraient une quatrième exception. Toutefois, l'étranger naturalisé ne pouvait transmettre sa
succession, ni succéder à ses parents étrangers, lors
même qu'ils eussent été ses propres enfants. En effet,
la naturalisation ne saurait conférer plus d'avantage
que la qualité de Français d'origine, et c'est pour cette
raison que les lettres de naturalité, en relevant l'étran

ger de l'incapacité de transmettre, portaient cette men-
tion : *Proviso quod heredes impetrantis sint regnicolæ* ».
Le roi seul avait le droit d'accorder les lettres de naturalité ou quelquefois aussi comme on les appelait, de
civilité (1) lui seul encore touchait les quelques petites
sommes qu'il plaisait à la Cour des comptes de taxer
pour l'indemnité de Sa Majesté (2).

La naturalisation générale qui produisait les mêmes
effets était fort usitée dans l'ancien droit. Ainsi, après le
mariage de François II avec Marie Stuart, Henri II
naturalisa en bloc, tous les Écossais par des lettres
patentes : « pour jouir par les impétrants de l'effet
d'icelles tant que le royaume d'Écosse serait en l'obéis-
sance, confédération et amitié du roi. »

5° La rigueur du droit d'aubaine avait été aussi
considérablement adoucie : 1° à l'égard des écoliers,
maîtres, docteurs et autres suppôts de l'université,
dont la succession mobilière pouvait être recueillie par
leurs héritiers; 2° à l'égard des ambasasdeurs étrangers qui jouissaient du même privilége ; 3° des princes
souverains étrangers qui recueillaient aussi les meubles
de leurs parents français.

Sauf l'incapacité de recueillir et de transmettre à
cause de mort, l'étranger pouvait du reste faire en
France tous les contrats dits du droit des gens. Ainsi,
il pouvait louer, prêter ou emprunter, donner ou recevoir mandat, échanger, vendre ou acheter, hypothéquer,
donner ou recevoir par donations entre vifs.

(1) Bacquet, ch. xi.
(2) Bacquet., ch. xxv. § 5.

En résumé au moment de la révolution de 1789, les droits de chevage et de formariage étaient depuis long-temps tombés en désuétude. L'étranger demandeur était soumis à la caution *judicatum solvi* dont il faut faire remonter l'origine à l'ancienne organisation sociale ger-manique ; il n'était pas reçu à faire cession de biens : « autrement, suivant l'expression d'un ancien juriscon-sulte, l'étranger pourrait à son advantage sucer le sang et la moelle des Français, puis les payer en faillite. » Il était encore soumis de plein droit à la contrainte par corps pour toute sorte de condamnations, même civiles, et, en matière de succession au droit d'aubaine.

Le droit d'aubaine n'avait plus, dans la pratique, qu'une portée fort restreinte ; en effet, le plus souvent il était converti en un simple droit de *détraction*, ou même aboli par des traités intervenus entre la France et la plupart des autres nations. Cependant les philo-sophes les plus distingués l'attaquèrent avec violence ; Montesquieu le flétrit de l'épithète d'insensé ; Necker le trouvant impolitique et sauvage en demanda l'aboli-tion (1).

Enfin l'Assemblée constituante le condamna en ces termes : « Contraire aux principes de fraternité qui doivent lier tous les hommes, quels que soient leur pays et leur gouvernement, ce droit établi dans des temps barbares, doit être proscrit chez un peuple qui a fondé

(1) Necker démontra par les comptes rendus authentiques de tous les contrôleurs généraux et par les états de la régie des domaines, que le droit d'aubaine, même dans ses plus beaux jours, n'avait point rapporté au fisc plus de 40,000 écus, et que souvent cette somme n'avait point suffi à couvrir les frais de perception (Fenet, t. VII, p. 474.)

sa constitution sur les droits de l'homme et du citoyen.
La France libre doit ouvrir son sein à tous les peuples
de la terre, en les invitant à jouir, sous un gouvernement libre des droits sacrés et inaliénables de l'humanité. En conséquence, les droits d'aubaine et de détraction sont abolis pour toujours (1). Ainsi, furent mises
en pratique dans nos lois ces belles paroles d'Alexandre
le Grand : « Les honnêtes gens sont tous frères, sans
« acception de patrie ; il n'y a que les méchants qui
« soient étrangers. »

CHAPITRE IV.

CONDITION ACTUELLE DES ÉTRANGERS EN FRANCE.

Les membres de la constituante, disciples de Rous-
seau et de Montesquieu, législateurs plus philanthropes
que pratiques, avaient voulu établir entre les Français
et l'étranger l'égalité qu'ils avaient établie entre tous
les Français, et donner aux peuples l'exemple de la fraternité universelle. Mais les peuples n'avaient point
imité cet exemple et l'on s'aperçut bien vite que la
France était dupe de sa générosité. Aussi en 1801,
lorsqu'on discuta au conseil d'État la question de savoir si on devait ou non rétablir le droit d'aubaine,
on laissa de côté les théories pour n'examiner que les
faits. La conclusion de l'examen fait par M. Rœde-

(1) V. le décret complémentaire du 8 avril 1791.

rer fut que *tout paraissait concourir à montrer que le système de l'Assemblée constituante devait faire place à des principes plus conformes aux intérêts de la France et de l'humanité.* « *Il me semble*, ajouta M. Rœderer, *que la France aura fait tout ce qu'exige sa longanimité en provoquant de la part des nations étrangères, l'abolition de droits barbares par une abdication conditionnelle et subordonnée de ses propres droits* ». Le Tribunat ayant partagé cette manière de voir, on résolut de revenir au système de la réciprocité indiqué par M. Rœderer dont on avait senti les avantages dans les derniers temps de la monarchie : l'art. 11 qui réglait la condition des étrangers en France fut ainsi rédigé : *l'étranger jouira en France des mêmes droits civils que ceux qui sont ou seront accordés aux Français par les traités de la nation à laquelle cet étranger appartiendra.* Mais avant d'entreprendre l'explication de cet article qui règle la participation des étrangers aux droits civils, il est nécessaire que nous disions quelques mots des droits politiques.

La condition de l'étranger se présente, en effet, sous un double point de vue, suivant qu'on l'envisage au point de vue du droit constitutionnel ou au point de vue du droit privé. L'étude que nous avons faite de la condition de l'étranger dans le droit ancien et dans le droit germanique, nous a permis de constater que presque toutes les législations ont connu une distinction analogue et ont séparé les droits politiques des droits civils. C'est ainsi qu'à Athènes, à Rome, en Germanie, on pouvait être national sans être citoyen, et toujours la première qualité s'acquérait beaucoup plus facilement que la seconde, il en est, ou du moins il n'y a pas bien longtemps encore, il en était de même dans notre législation.

Droit constitutionnel. — Le droit constitutionnel comprend les droits politiques et les droits publics. Complétement exclus des premiers, l'étranger a la jouissance des seconds. Ainsi l'étranger ne peut être en France ni électeur, ni éligible, il ne peut même remplir aucune fonction entraînant l'obligation de prêter serment, comme la profession d'avocat (1), de notaire ; capable d'être témoin dans un acte de l'état civil, il ne pourrait l'être dans un acte notarié. Mais s'il est logique que l'étranger soit exclu des droits politiques parce que sa non-participation au gouvernement de l'État est la première condition de l'autonomie d'un peuple, il est rationnel, au contraire, de l'admettre à la jouissance des droits publics parce qu'il n'y a aucun inconvénient à ce que comme le Français, l'étranger jouisse de droits tels que la liberté individuelle, la liberté de conscience, la liberté de la pensée et de la parole, la liberté de la presse, le droit de protection pour sa personne et ses biens. L'étranger a donc la jouissance des droits publics, bases de notre organisation sociale ; par une juste réciprocité, il doit respecter d'abord cette organisation sociale, et contribuer ensuite à son maintien. L'étranger ne peut rien faire de contraire à l'ordre public et s'il peut invoquer nos lois, elles lui sont applicables ; l'art. 3. Cod. civ. est formel à cet égard : *les lois de police et de sûreté obligent tous ceux qui habitent le territoire.*

(1). Décision du conseil de l'ordre des avocats de Grenoble (6 février 1830).

L'étranger ne fait-il même que passer en France, son entrée sur le territoire suffit pour le rendre *sujet causal de la loi du pays*, selon l'expression de M. Portalis. *Il contracte par là*, disait M. Faure au Corps législatif, *l'obligation de respecter la loi et s'il est assez téméraire pour l'enfreindre, il ne peut espérer d'être traité plus favorablement que les citoyens eux-mêmes.*

Par lois de police et de sûreté il ne faut pas entendre seulement les lois pénales proprement dites, mais aussi toutes les mesures qui tendent à empêcher certaines infractions aux lois et même les dispositions de nos lois civiles dépourvues de sanction pénale, mais inspirées par des considérations d'ordre public ou social. Nul doute, par exemple, que ce serait en vain que l'étranger invoquerait sa loi personnelle pour se soustraire à la disposition du Code civil qui défend de pactiser sur succession non ouverte ; pour éluder nos règles sur le régime de la propriété et de ses démembrements, et enfin pour déroger en ce qui concerne la dévolution de ses biens situés en France, au principe d'égalité qui forme la base de notre législation sur les successions. Nous avons la même observation à faire pour ce qui est relatif à la forme des actes. Toutes les fois que la forme est obligatoire pour le Français, elle l'est pour l'étranger (1).

Non-seulement l'étranger est soumis aux lois générales, mais encore à des lois spéciales : en principe, la loi française applique aux étrangers pour tous les crimes et délits commis en France les mêmes peines qu'aux

(1) Avis du conseil d'État (4 juin 1806).

Français; mais dans plusieurs cas, elle leur inflige, à raison même de leur qualité, une peine plus forte. Ainsi pour l'étranger la peine de la dégradation civique doit nécessairement être accompagnée de la peine de l'emprisonnement. Une pénalité plus énergique et plus efficace réprime encore les délits commis par l'étranger : cette pénalité consiste dans l'exclusion du territoire. Ce droit nécessaire a partout et de tout temps été admis, même au dix-huitième siècle, à l'époque où le législateur conviait tous les peuples à la fraternité universelle et alors que la France libre déclarait ouvrir son sein tous les peuples de la terre (*loi du 6 août* 1790). L'art. 7 de la loi du 3 décembre 1849 règle aujourd'hui ce droit d'exclusion et en confie l'exercice au ministre de l'intérieur, ou aux préfets des départements frontières, à charge par ces derniers d'en avertir sur-le-champ le ministre. L'étranger a la ressource de l'appel au conseil d'État, et même il peut quelquefois se soustraire à l'arbitraire d'une décision ministérielle en se conformant aux dispositions de l'article 7 de la loi du 3 décembre 1849.

La situation passagère de l'étranger, a encore inspiré à son égard certaines mesures de surveillance. Nous savons que dans l'antiquité l'étranger inspirait une telle défiance qu'on le reléguait dans un certain quartier de la ville avec défense d'en sortir. C'est ce qui avait lieu notamment à Athènes. A Rome l'étranger ne pouvait porter le vêtement national, la toge, exclusivement réservée aux citoyens romains, et cette différence de costume permettait toujours de le distinguer du Romain. En Germanie le *Warganeus* était également l'objet d'une grande défiance, et la coutume imposait à quiconque avait reçu un étranger chez soi, de l'escorter à son départ et de ne le quitter qu'après l'avoir remis à un nouveau gîte et à un nouvel hôte, afin de l'empêcher de commettre aucun crime. Les Anglo-Saxons se montraient encore plus méfiants vis-à-vis des étrangers, et ils traitaient comme un voleur l'étranger qui quittait la grande route pour se jeter dans un bois ou pour prendre un chemin de traverse, sans avoir au préalable crié ou sonné du cor pour attirer sur lui l'attention publique : *Si peregrinus vel advena devius vagetur et tunc nec vociferaverit nec cornu insonuerit, pro fure comprobandus est vel occidendus vel redimendus* (1). Charlemagne prescrit à ses *missi dominici* de faire le dénombrement des étrangers établis dans chaque *Missaticum* (Cap. de 806). Bacquet nous apprend qu'au moyen âge on prenait des mesures semblables ; tout étranger qui vient en France doit : « bailler et faire mettre par écrit leur nom et surnom et par ce peut-on avoir chacun en cognaissance de tous ceux qui viennent demeurer au dit baillage (2). » La mesure n'était pas seulement une mesure de surveillance, c'était aussi une mesure fiscale destinée à assurer le recouvrement des impôts qui frappaient les aubains : *Bastard et aulbain ne peuvent se marier sans encourir les peines de formariage.*

Actuellement l'étranger ne peut voyager sans être muni d'un passe-port (loi du 23 messidor, an III, art. 9 et 11. — Circulaire ministérielle du 20 août 1816, art. 20 et 22). L'étranger non muni d'un passe-port

---

(1) *Leges Winthrædi ; leges Inæ*, cap. xx.
(2) Bacquet, *Droit d'aubaine*, Ire partie, chap. iii, n° 5.

pourrait, conformément à l'art. 272 (C. pén.), être re-
conduit à la frontière comme vagabond par les ordres
du gouvernement. A Paris, une ordonnance du préfet
de la Seine, du 8 sept. 1851, art. 1 et 2, prescrit aux
étrangers qui veulent se rendre à Paris de demander
dans les huit jours de leur arrivée un permis de séjour
au préfet de police. Toutes ces formalités gênantes ne
sont généralement pas observées, et la multiplicité
des rapports internationaux rend leur application non-
sualement difficile, mais encore illusoire; une expérience
toute récente les a même définitivement condam-
nées.

La résidence des réfugiés est aujourd'hui réglementée
par la loi du 20 novembre 1810. La France a toujours
su cequ'elle devait à l'infortune; cependant, on a dû
prendre certaines mesures commandées par l'intérêt de
la sécurité publique et par des considérations politiques.
La présence sur tel ou tel point de notre territoire d'un
grand nombre de réfugiés politiques aurait pu inspirer
quelque inquiétude à des nations voisines, donner lieu
a des incidents diplomatiques et entraîner peut-être la
rupture des relations bienveillantes que nous entrete-
nons avec presque tous nos voisins. Aussi la loi de 1840
donne-t-elle au gouvernement le droit d'interner les
réfugiés politiques et de les expulser du territoire en cas
de désobéissance.

Nous venons de voir comment l'étranger doit respecter l'organisation sociale, et de quelles peines on le
punit quand il y porte atteinte; voyons aussi comment
et dans quelle mesure il doit contribuer à son maintien. L'étranger est assujetti seulement au payement de

la contribution personnelle et mobilière. Revenons maintenant aux droits civils.

Droit privé. — Nous savons qu'aux termes de l'article 11, l'étranger n'est admis à jouir en France que des mêmes droits civils dont des traités conclus avec la France assurent la jouissance aux Français dans le pays même de cet étranger. On a longtemps controversé sur la portée de cet article; à le prendre à la lettre, il faudrait dire que les étrangers n'ont pas en principe en France la jouissance de nos droits civils. Telle n'est cependant pas, dit-on, la portée de l'article 11, et l'opinion la plus généralement répandue aujourd'hui, est que les étrangers ont en France la jouissance de tous nos droits civils, sauf de ceux dont la jouissance leur est expressément retirée, et que c'est à ceux-là seulement qu'il faut appliquer le principe de réciprocité diplomatique contenu en l'article 11. Cet article n'était, en effet, qu'une pierre d'attente, et les divers cas où il devait s'appliquer furent successivement précisés plus tard dans les articles du Code.

Il n'est pas possible d'admettre, comme l'ont fait certains auteurs, que la portée de l'article 11 soit générale, et que les étrangers n'aient pas en France la jouissance de nos droits civils, sauf de ceux dont la jouissance leur est spécialement accordée. Si un pareil système devait être suivi, l'étranger serait chez nous comme un mort civilement, et notre législation se montrerait pour lui plus dure que notre ancien droit, qui lui permettait de faire tous les actes du droit des gens. Nous nous rangeons donc à l'avis de ceux qui pensent que les étrangers jouissent en France de tous nos droits civils, hormis de ceux dont la jouissance leur est formellement retirée par des textes précis. Avec ce dernier système, on arrive aux conséquences suivantes, à savoir : que la condition de l'étranger est, en règle générale, identique à celle du Français au point de vue de la jouissance des droits civils. L'étranger, comme le Français, est capable de tous les droits, soit de famille, soit réels, soit personnels reconnus par la loi française. Il les acquiert et les perd par les mêmes modes qui sont ouverts aux Français.

Droits de famille. — L'état de l'étranger et sa capacité sont incontestablement régis par sa loi personnelle ; et c'est d'après cette loi qu'il faut décider que l'étranger est majeur ou mineur, marié ou célibataire, enfant légitime ou naturel, capable ou incapable. Mais les droits de famille peuvent exister entre un Français et un étranger ; plusieurs articles du Code civil le supposent formellement : que décider relativement au règlement de ces droits de famille ? Nous disons sans hésiter qu'un tribunal français devra appliquer la loi française. Nous pensons également que la loi française, par cela même qu'elle suppose que les relations de famille peuvent exister entre Français et étrangers, accorde nécessairement à ces derniers le droit d'adoption et de tutelle. D'une part, en effet, notre législation ne distingue pas les institutions de droit naturel et les institutions de droit civil ; d'autre part, si la tutelle à Rome était une fonction publique, chez nous c'est une fonction privée, un pur droit de famille.

Droits réels. — L'étranger peut avoir en France, et cela est évidemment supposé par la loi (C. civ., art. 3,

720 et 912), la propriété et ses divers démembrements. Pour fixer la nature et l'étendue des droits réels que le législateur permet à l'étranger d'avoir en France, tels que les droits de propriété d'usufruit, est-ce à la loi française, ou bien est-ce à la loi de l'étranger propriétaire usufruitier qu'il faut se référer? Nous trouvons la réponse à cette question dans l'article 3 (C. civ.), qui nous dit que les immeubles même possédés par des étrangers sont régis par la loi française. Ainsi, en ce qui concerne la propriété des immeubles, l'étranger est soumis au droit commun, et la raison en est bien simple; ainsi que le disait M. Grenier dans son rapport au tribunat, il résulterait du système contraire « *qu'il y aurait dans un État autant de statuts réels que de possesseurs étrangers des différentes parties du sol, ce qui serait absurde;* » ou bien encore, comme le disait M. Portalis dans son exposé des motifs au Corps législatif : « *La souveraineté d'un État, qui est indivisible, cesserait de l'être si les portions d'un même territoire pouvaient être régies par des lois qui n'émaneraient pas du même souverain. Il est donc de l'essence même des choses que les immeubles, dont l'ensemble forme le territoire public d'un peuple, soient exclusivement régis par les lois de ce peuple, quoiqu'une partie de ces immeubles puisse être possédée par des étrangers.* » Comme conséquences de ce principe : les immeubles possédés en France par un étranger profiteront activement, et seront grevés passivement de toutes les servitudes légales reconnues par le Code civil ou des lois spéciales; ils pourront être expropriés pour cause d'utilité publique, moyennant juste et préalable indemnité; ils seront transmis et acquis par les modes

ordinaires. De même encore, on consultera uniquement la loi française pour savoir quels biens sont immeubles en France, et l'immeuble appartenant à un étranger rentrera nécessairement dans l'une ou l'autre des trois classes énumérées par l'article 517 du Code civil. En un mot, en ce qui concerne les droits réels, l'étranger est soumis au droit commun, et doit se conformer au *statut réel* ou ensemble des lois relatives à la propriété immobilière.

Droits personnels. — Nous venons d'examiner la condition de l'étranger sous le rapport des droits réels ; il nous reste à l'examiner sous le rapport des obligations. Nos lois reconnaissent à l'étranger la faculté d'être créancier ou débiteur, même vis-à-vis des Français ; c'est ce que supposent implicitement plusieurs articles, notamment l'article 13.

Mais, dit M. Demangeat, sous l'empire de quelle loi mettrons-nous cette obligation qui peut ainsi exister, soit à la charge, soit au profit de l'étranger (1)? Il faut distinguer, répond le savant auteur : 1° tout ce qui, dans l'obligation, est laissé à la libre volonté des parties ; 2° ce qui est directement l'œuvre de la puissance publique, comme, par exemple, tout ce qui est relatif à l'exécution forcée de l'obligation.

Au premier cas, si l'obligation s'est formée en France entre un étranger et un Français, ou entre deux étrangers de pays différents, l'obligation tombe sous l'application de la loi française. Formée entre deux étrangers domiciliés dans le même pays, c'est-à-dire

(1) Demangeat, *Cond. civ. des étr. en France,* p. 532.

soumis à la même loi personnelle, l'obligation sera régie par la loi de leur domicile.

Au second cas, pour tout ce que est relatif à l'exécution forcée de l'obligation en France, c'est notre législation qu'il faut appliquer.

Nous venons de parcourir rapidement toutes les similitudes qui existent entre la condition civile des étrangers et celle des nationaux; parcourons de même les différences qui existent entre la condition des uns et des autres, différences fondées sur ce que les étrangers n'ont point de domicile en France.

Conséquences qui résultent de ce que l'étranger n'a point son domicile en France.

Une première conséquence qui résulte de ce que l'étranger n'a point son domicile en France, est que son état et sa capacité sont réglés par la loi de son pays. Dans notre ancien droit, on appliquait, entre les provinces françaises régies par des coutumes différentes, cette règle que le statut en vigueur au lieu du domicile de la personne doit régler seul tout ce qui concerne son état et sa capacité, ou, en d'autres termes, que la loi personnelle suit l'individu, en quelque lieu qu'il se transporte. Ces principes, nous le savons déjà, ont été reconnus par le Code civil à l'égard des étrangers qui peuvent se trouver en France (art. 3 du Code civil). Mais ils présentent de la difficulté dans leur application, lorsqu'on veut précisément déterminer à quoi s'appliqueront les lois domiciliaires de l'étranger, parce qu'il y a dans le droit beaucoup de cas où la question de capacité, qui est régie par la loi personnelle *ou statut personnel,* se distingue à peine de la question de disponi-

bilité, qui est régie par la loi réelle *ou statut réel* (1).
Sous l'empire des coutumes, un débat resté célèbre
s'était déjà engagé entre deux hommes éminents, Dumoulin et son rival Dargentré. Dumoulin posait en
principe que la coutume était territoriale, que son action
ne s'étendait que sur son enclave, à moins qu'il ne
s'agît de règles de capacité; dans ce cas, c'est à la loi
d'origine que l'on doit s'en rapporter (2). Dargentré
combattit ce point de vue, et soutint que les règles relatives à la capacité avaient deux causes différentes, suivant qu'elles étaient établies dans l'intérêt de l'individu,
ou dans un but de conservation des biens, en modifiant
les droits d'administration ou de disposition du propriétaire (3). D'après lui, dans ce dernier cas, le statut
revêtait un double caractère de personnalité et de
réalité, et constituait alors un statut mixte. D'Aguesseau eut l'honneur de clore le débat, et ruina complète-
ment le système du statut mixte, en faisant remarquer :
que si, dans certains cas, on reconnaît au statut un caractère de personnalité et de territorialité, il n'en est
pas moins vrai que toujours l'un d'eux l'emporte sur
l'autre et décide dès lors de la nature du droit (4).
C'est donc au but final de la loi, et non aux moyens
qu'elle emploie pour atteindre ce but, qu'il faut s'atta-
cher pour distinguer le statut réel du statut personnel (5),

(1) Demangeat, *Histoire de la condition civile des étrangers en
France*, p. 371.
(2) *Cout. d'Auvergne et de Senlis*, Duranton, t. I, n° 81.
(3) *Cout. de Bretagne*, art. 213.
(4) D'Aguesseau, 54e *plaidoyer*.
(5) Demolombe, t. I, n° 65 et suiv.; Cass., 2 mai 1825.

et nous croyons que l'on peut poser en principe général la règle suivante : si une loi, relative à la fo:s à la personne et aux biens, a pour but final l'intérêt de la personne dont elle limite les droits de disposition, elle est personnelle ; par contre, a-t-elle pour but final l'intérêt d'autrui, c'est une loi réelle.

Nous trouvons une seconde conséquence du principe que l'étranger n'a pas son domicile en France. N'ayant point de domicile en France, la situation de l'étranger y est essentiellement passagère, rien ne le retient sur le sol français ; le législateur a donc dû prendre contre lui certaines mesures de précaution, afin qu'il ne puisse profiter de sa situation au détriment des Français et se soustraire par la fuite aux conséquences du procès qu'il leur aurait intenté. L'étranger ne pourra donc en règle générale, et sauf exceptions, actionner un Français qu'en offrant des garanties pour le payement des frais et des dommages-intérêts auxque's il pourra être condamné, c'est-à-dire en donnant la caution *judicatum solvi* (art. 16, C. civ.; art. 166 et 167, Procéd. civ.).

Une troisième conséquence est que l'étranger ne jouit point du bénéfice : *Actor forum sequitur rei*. Le demandeur français assigne valablement l'étranger défendeur devant le tribunal de son propre domicile, par dérogation à l'article 59 (Procéd. civ.).

La circonstance que l'étranger n'a pour ainsi dire point de *racines* en France entraînait, avant la loi du 22 juillet 1867, abolitive de la contrainte par corps en matière civile, d'autres conséquences. Ainsi, par exemple, l'étranger était soumis à des voies de contrainte par corps exceptionnelles (loi du 17 avril 1832), et il ne pouvait s'y soustraire par la cession de ses biens (art. 905 Procéd. civ.).

De l'étude que nous venons de faire de la condition actuelle des étrangers en France, il résulte que la condition de l'étranger diffère de celle du Français sous trois points de vue principaux :

1° Au point de vue de la jouissance de droits politiques;

2° Au point de vue de la jouissance de certains droits civils et au point de vue de certaines lois exceptionnelles auxquelles il est soumis;

3° Au point de vue de sa capacité et de son état juridique.

Une assimilation passagère et sans concession du titre de national peut faire acquérir à l'étranger la jouissance des droits civils qui lui sont retirés : c'est ce qu'on appelle l'assimilation par traité et par autorisation de domicile. Une assimilation complète avec concession du titre de national peut non-seulement modifier l'état et la capacité de l'étranger, mais encore lui faire acquérir la jouissance de ceux de nos droits civils qui lui sont retirés, et même, depuis la loi du 20 juin 1867, la jouissance des droits politiques : c'est ce qu'on appelle encore l'assimilation par bienfait de la loi et par naturalisation.

L'étude de ces divers modes d'assimilation au moyen desquels l'étranger peut plus ou moins complétement effacer les différences qui séparent sa condition de celle du Français formera l'objet des chapitres suivants.

CHAPITRE V

ASSIMILATION SANS CONCESSION DU TITRE DE NATIONAL.

La législation qui ne connaîtrait d'autre mode d'assimilation que l'assimilation par concession du titre de national serait incomplète. En effet, si la protection est un droit pour l'étranger, la naturalisation une faveur, le peuple qui ne saurait protéger l'étranger que par elle se trouverait dans la dure alternative, ou de se montrer avare de cette concession et de méconnaître ainsi les droits de l'humanité en entravant les rapports internationaux et les progrès de la civilisation ; ou de s'en montrer prodigue et de compromettre alors sa dignité en avilissant le titre précieux de national.

Entre la condition de l'étranger et celle du national, une situation intermédiaire qui sauvegarde l'autonomie des peuples et les droits de l'humanité est nécessaire ; dans toute législation, on doit pouvoir acquérir la jouissance des droits civils sans pour cela obtenir le titre de national. La nécessité de cette situation intermédiaire se fait surtout sentir en France, où le droit de suffrage universel attaché à la qualité de citoyen donne à ce titre une importance toute nationale. Notre législateur l'a compris, et a établi dans les modes d'assimilation divers degrés qui permettent de conférer à l'étranger la jouissance de nos droits civils, sans cependant lui donner le titre de national. Ainsi, l'étranger ne fait-il que traverser la France, la protection de nos lois lui est acquise. A-t-il l'intention de s'établir en France et d'y fixer son domicile, il peut obtenir de plusieurs façons différentes la jouissance de ceux de nos droits civils qui lui sont retirés, et se soustraire aux lois exceptionnelles auxquelles il est soumis. Veut-il enfin abdiquer sa nationalité et devenir Français, il le devient s'il a des droits à ce titre ou s'il en est digne. Mais étudions d'abord l'assimilation sans concession du titre de national. Deux causes qui feront l'objet de deux sections distinctes peuvent la produire : les traités et l'autorisation de domicile.

SECTION I.

Assimilation par traités (Art. 11, C. civ.)

Inconnu des peuples grecs, ce mode d'assimilation fut, nous le savons, d'un emploi fréquent à Rome, et l'étude que nous avons faite du *Jus civitatis*, du *Jus Latii*, et du *Jus Italicum* nous a permis de constater que c'est grâce à l'emploi progressif et intelligent de ce mode que les Romains parvinrent à s'assimiler l'Italie, puis le monde entier. Mais c'est surtout dans le droit féodal, dans l'examen des droits de *parcours* et d'*entrecours*, dans les *lettres patentes* octroyées par nos anciens rois et dans les nombreux traités conclus avec presque tous les peuples de l'Europe, qui eurent pour effet de modifier ou d'abolir le droit d'aubaine, que nous avons vu l'origine du principe de réciprocité diplomatique qui a inspiré la rédaction de l'article 11.

L'esprit et la portée de cet article nous sont nettement indiqués par M. Boulay de la Meurthe : « *Ce qu'il y a de mieux à faire en cette matière, dit-il, est sans doute d'en revenir au principe de la réciprocité dont les avantages ont été sentis dans les derniers temps de la monarchie. Accorder chez nous aux étrangers les mêmes droits civils que ceux qu'ils nous accorderont chez eux, quoi de plus raisonnable, de plus conforme aux saines idées de la politique du droit des gens et de la nature ? Quoi de plus propre à favoriser le développement des idées philanthropiques et fraternelles qui devraient lier les diverses nations ? Mais il serait aussi absurde de refuser aux étrangers la jouissance de toute espèce de droits civils que de les leur accorder tous.* » Ces paroles confirment pleinement la portée que nous avons attribuée à l'article 11.

Depuis que la loi du 14 juillet 1819 a réduit la sphère d'application de l'article 11 en supprimant les deux incapacités les plus importantes qui frappaient l'étranger, cet article n'a plus qu'une importance restreinte, et la position de l'étranger diffère beaucoup moins de celle du national. Cependant les traités ont toujours pour effet de faire acquérir à l'étranger les rares droits civils qui lui manquent et que nous avons énumérés, et de le soustraire aux lois exceptionnelles auxquelles il est soumis. Bien entendu que les traités ne sauraient modifier l'état et la capacité de l'étranger.

SECTION II.

Assimilation par autorisation de domicile
(Art. 13, C. civ.)

Ce n'est ni à Athènes, ni à Rome, où l'autorisation de domicile était une mesure de spéculation, que nous avons cherché l'origine de ce bénéfice; nous l'avons trouvée dans les dispositions du droit germanique, où l'autorisation était inspirée par des considérations d'équité. Si le *Warganeus* est l'objet de la défiance générale, c'est parce qu'il n'a point de garants, parce qu'il est en dehors de l'organisation sociale; qu'il trouve des garants, qu'il entre dans le système de garantie réciproque, et alors il aura un domicile et la jouissance des droits civils. A cette époque, à défaut de pouvoir central et d'autorité publique régulièrement constituée, c'était le simple citoyen qui, en admettant l'étranger sous son toit et en se portant son garant, lui conférait l'autorisation de domicile. Aujourd'hui, l'État a remplacé l'association et a mission de veiller aux intérêts de tous; c'est donc l'État qui a le droit d'autoriser l'étranger à établir son domicile en France, vérification faite des garanties qu'il présente.

Sous le rapport des effets qu'elle produit, effets uniquement relatifs à la jouissance des droits civils dont sont privés les étrangers, l'assimilation par autorisation de domicile et l'assimilation par traités sont absolument identiques. Mais ces deux modes se distinguent par leur caractère spécial ou général : le premier constitue une concession simplement particulière, individuelle, et s'appliquant à une personne déterminée ; le second, une concession générale, collective, applicable à tous les membres d'une nation.

Deux considérations ont motivé l'article 13. Si, en principe, la jouissance de certains droits civils est retirée à l'étranger, c'est la conséquence de ce qu'il n'a point de domicile en France ; il est donc logique de le faire rentrer dans le droit quand il en acquiert un, c'est-à-dire par l'autorisation de domicile. En second lieu, la constitution du 22 frimaire an VIII, article 3, soumettait à un stage politique de dix ans l'étranger qui aspirait à la qualité de Français ; pendant ce stage, l'étranger ne jouissait en France d'aucun des droits que la loi retire aux étrangers. C'est pour éviter cet inconvénient, propre à détourner les étrangers de notre pays, que l'article 13 du Code civil a attribué aussi à l'autorisation de domicile l'effet immédiat de les faire jouir des droits civils tant qu'ils sont en France (1).

Le domicile étant réglé par le statut personnel, l'étranger n'a point de domicile en France et il ne peut en acquérir un légalement qu'avec l'autorisation du gouvernement : « *J'observe sous l'art. 13,* disait le tribun Gary, *qu'il n'y a eu aucune objection contre la disposition qui veut que l'étranger ne puisse établir son domicile en France, s'il n'y est autorisé par le gouvernement* (2). » Il résulte de ces paroles, et en outre des dispositions de

(1) Rapport du tribun Gary.
(2) Séance du 17 ventôse an XI.

, art. 102 (C. civ.), applicables seulement aux Français : que l'étranger ne peut avoir de domicile en
France qu'avec l'autorisation du gouvernement. Cette
doctrine est tout naturellement enseignée par les auteurs, qui pensent que les étrangers ne jouissent en
France que de ceux de nos droits civils dont la jouissance leur est accordée par un texte spécial.

Plusieurs auteurs ont cependant soutenu que l'étranger établi en France, *sans esprit de retour dans son
pays*, se trouve, quant à son état et sa capacité, régi par
la loi française, et que par conséquent il a son domicile
en France même sans avoir obtenu l'autorisation du
gouvernement (1). On dit, dans ce second système, que
l'étranger peut toujours avoir en France son principal
établissement, et on réfute l'argument *a contrario* tiré
du texte de l'art. 102 (C. civ.) en faisant observer que si,
dans cet article, il n'est parlé que du domicile du Français c'est pour deux raisons : d'abord parce que le législateur a seulement entendu définir le domicile du
Français, et ensuite parce qu'il voulait faire entre le
domicile civil et le domicile politique une distinction
inapplicable à l'étranger. Cette théorie, enseignée par
M. Proudhon, adoptée par M. Valette, se rattache à un
système particulier d'après lequel l'étranger non domicilié, mais établi en France à perpétuelle demeure
serait dans un état mitoyen qu'on appelle *incolat*. En
cet état, sa capacité personnelle serait régie par nos

(1) Conf. Merl.n, *Domicile*, § 13; — Valette, *sur Proudhon*, t. I,
p. 195, note *a*; — Demolombe, t. I, n 68; — Zachariæ, Aubry et
Rau, p. 311, 4ᵉ édition; — Duranton, t. I, n° 353; — Coin-Delisle,
art. 13 n° 11; — Cass., 21 avril 1827, et 17 juillet 1833.

lois. « *Le domicile*, dit M. Proudhon, *est la seule marque distinctive de l'association civile; or, l'étranger cesse d'être membre de celle à laquelle il appartenait, lorsqu'il transporte son domicile dans un autre pays : il doit donc acquérir les droits civils dans ce pays, car il ne peut être sans patrie.* » Mais on ne voit pas très-bien pourquoi l'étranger qui a perdu sa patrie, et n'a pas rempli les conditions nécessaires pour en acquérir une autre, en aurait cependant une, et l'on conçoit encore moins comment il en aurait deux, c'est-à-dire, comment il pourrait être moitié étranger et Français.

Nous persistons donc à penser que l'étranger n'a en France de domicile légal que sous la condition d'obtenir l'autorisation du gouvernement, et qu'en dehors de cette hypothèse la plus longue résidence ne lui conférerait pas la jouissance des droits civils. La question nous paraît d'ailleurs avoir été résolue en ce sens par un avis du conseil d'État du 20 prairial an XI, rendu à l'époque où les avis du conseil d'État complétaient la législation (Art. 2 de l'arrêté du 5 nivôse an III). Cet avis porte que l'autorisation du gouvernement est nécessaire pour tout établissement légal en France.

La question présente d'ailleurs une importance pratique assez grande, car si on admet que l'étranger peut, sans l'autorisation du gouvernement, acquérir un domicile de fait en France, il s'ensuit qu'il peut facilement se soustraire aux lois exceptionnelles auxquelles il est assujetti, et même acquérir certains priviléges attachés au domicile (V. l'art. 105 du Code forestier).

Même, la possession d'état ne saurait suppléer l'autorisation expresse, quand bien même l'étranger aurait été porté longtemps sur les listes électorales et rempli les charges imposées aux seuls citoyens. C'est ce qui a été jugé par la Cour de cassation, annulant un arrêt de la cour d'Amiens qui maintenait un étranger sur la liste des jurés, pour les motifs suivants : « *L'incapacité absolue produite par la qualité d'étranger ne peut jamais être couverte par la possession d'état, et il appartient exclusivement au gouvernement de conférer les droits civils* (1). Cette décision nous paraît conforme à l'intention manifestée par les auteurs du Code. Le caractère personnel de l'étranger, sa moralité, une foule d'autres circonstances peuvent rendre son admission au droit civil plus ou moins désirable ; la loi ne peut donc y faire participer que l'étranger admis par le gouvernement. Tel est encore un des motifs politiques de la nécessité de l'autorisation prescrite par l'article 13 (C. civ.).

A l'inverse, l'autorisation accordée par le gouvernement à un étranger d'établir son domicile en France peut n'être que tacite et s'induire de tous les actes qui ne laisseraient aucun doute sur la volonté du pouvoir exécutif de permettre à l'étranger d'y fixer son domicile. En ce sens, il a été jugé à Paris qu'un étranger nommé professeur est censé avoir été autorisé à établir son domicile en France, et peut être poursuivi devant les tribunaux français pour dettes contractées envers des étrangers (2). Et non-seulement la nomination par l'État d'un étranger non naturalisé à des fonctions publiques, mais encore la nomination à des fonctions administra-

(1) Cass., 24 octobre 1821 et 29 janvier 1815.
(2) Paris, 11 octobre 1827.

tives emporte pour l'étranger autorisation suffisante d'établir son domicile en France et admission à la jouissance des droits civils.

Formes de l'autorisation. — Aux termes d'un décret du 17 mars, l'étranger qui veut obtenir l'autorisation d'établir son domicile en France doit adresser sa demande au maire du lieu qu'il choisit pour y fixer son domicile. Il accompagnera cette demande de tous les renseignements relatifs à sa personne, à sa profession et à ses moyens d'existence. Le ministre de la justice statue sur la demande que le maire lui transmet par l'intermédiaire du sous-préfet.

Effets de l'autorisation. — M. Zachariæ examine la question de savoir si l'autorisation pure et simple d'établir son domicile en France accordée à un étranger s'étend à sa femme et à ses enfants, et il se prononce pour l'affirmative. Cet auteur invoque à l'appui de son opinion l'art. 12 (C. civ.), qui veut que la femme étrangère qui épouse un Français devienne Française. M. Demolombe se prononce pour la négative, par ce motif : qu'en matière de concession les effets sont personnels, et ensuite parce que la femme et les enfants de l'étranger n'étant pas compris dans sa demande, on ne voit pas trop la raison de leur conférer un bénéfice qu'ils n'ont nullement demandé et dont ils se soucient peut-être médiocrement. (Zachariæ, t. I, p. 162. — Demolombe, t. I, n° 269.)

Nous déciderons de même et contrairement à la thèse soutenue par Marcadé (1), que les effets de l'autorisa-

---

(1) Marcadé, article 13, § 2.

tion de domicile ne s'étendent pas aux enfants nés après l'autorisation. En ne peut en effet imposer à une personne une position qu'elle n'eût peut-être pas volontairement acceptée.

Voyons maintenant quelle est la condition de l'étranger domicilié avec autorisation. Observons d'abord que cette autorisation non accompagnée de résidence ne saurait produire d'effet. L'accomplissement des deux conditions est simultanément exigé. Une résidence fictive ou même réelle, mais passagère, serait insuffisante (1). L'acquisition des droits civils résultant de l'autorisation est, en effet, surbordonnée à la condition de l'établissement effectif du domicile, et une fois accomplie la condition a un effet rétroactif qui remonte au jour de l'autorisation. Mais l'autorisation ne peut avoir pour effet de rendre par elle-même Français ceux qui l'obtiennent. L'étranger domicilié reste toujours étranger, de telle sorte que l'enfant qui naîtrait de lui sur le territoire français serait étranger, sauf pour cet enfant la faculté de réclamer la qualité de Français dans l'année de sa majorité. Ce point qui a été controversé ne saurait plus l'être aujourd'hui, depuis la loi du 7 février 1851 (2).

L'art. 13 n'a donc aucun effet sur la nationalité. Mais si l'étranger reste tel, sa condition est bien modifiée au point de vue des lois exceptionnelles auxquelles il est soumis et de la jouissance des droits civils que la loi

(1) Douai, 9 décembre 1829; — Bordeaux, 14 juillet 1845.
(2) Conf. Delvincourt, t. I, p. 189; — Rodière, *Revue de législation*, t. I, p. 303; — Dalloz, *Droits civils, étrangers. Domicile;* — Merlin, *Étranger;* — Demolombe, t. I, p. 305.

lui retire. Constatons cependant que l'étranger peut toujours être exclu du territoire, mais que certaines garanties le protégent contre l'exercice arbitraire de ce droit. La loi du 3 décembre 1849 sur la naturalisation a mis fin à la controverse qui s'élevait sur le point de savoir si l'étranger autorisé à résider pouvait être exclu du territoire comme le simple étranger, et a établi nettement l'effet du domicile. L'étranger non domicilié pourra être expulsé du territoire soit sur l'ordre du ministre de l'intérieur, soit sur l'ordre du préfet des départements frontières (loi du 3 décembre 1849, art. 7, § 1 et 3). L'expulsion de l'étranger autorisé ne pourra avoir lieu que sur l'ordre du gouvernement et le conseil d'État entendu (loi du 3 décembre 1849, art. 3 et 7, § 2).

L'étranger domicilié cesse également d'être soumis aux conséquences de ce que l'étranger n'a point de domicile en France. Ainsi il n'est plus tenu de fournir la caution *judicatum solvi*. Il jouit du privilége *actor forum sequitur rei* (art. 14, C. civ.); il peut également actionner devant un tribunal français un étranger qui se serait obligé vis-à-vis de lui depuis l'établissement de son domicile en France, à charge pour lui de répondre à l'action intentée contre lui devant un tribunal français. L'étranger domicilié peut-il comme le Français exiger de l'étranger demandeur la caution *judicatum solvi*, et avant l'abolition de la contrainte par corps aurait-il pu l'exercer contre un étranger non domicilié, dans le cas où cette faculté aurait appartenu à un Français? Ces deux droits, a-t-on dit, constituent un privilége exorbitant et rigoureux dont l'exercice doit être réservé aux seuls Français (1). Mais l'opinion contraire est soutenue par M. Pardessus (n° 1528) et par M. Demolombe (n° 266) qui repoussent l'application en notre matière de la maxime *odia restringenda, non extendenda*, en faisant remarquer : 1° que l'autorisation de résider en France est un premier pas vers la naturalisation ; 2° que presque toujours elle est demandée par des individus qui ont l'intention d'abandonner leur nationalité et qui ont transporté en France le siége de leur fortune ; 3° que la loi française doit dès lors venir à leur aide et protéger leurs intérêts dans le domicile qu'ils peuvent avoir, avec des individus totalement étrangers à la France (2). De ce que l'étranger domicilié jouit de tous les droits civils, il résulte que, même avant la loi du 14 juillet 1819, il aurait pu disposer et recevoir de la même manière que les Français.

Malgré la généralité des termes de l'article 13 qui accorde à l'étranger domicilié tous les droits civils, il en est quelques-uns qu'il ne peut exercer : ce sont tous les droits qui sont attachés à la qualité de citoyen français. Les droits de cette nature supposant chez celui qui en est le sujet deux qualités, et l'autorisation du gouvernement ne pouvant suppléer qu'à la première de ces qualités au profit de l'étranger, il est bien certain qu'il ne peut se prévaloir de pareils droits. En conséquence, l'étranger ne pourrait être témoin dans un acte nota-

---

(1) En ce sens, M. Coin-Delisle, sur l'article 13, n° 7 ; — Fœlix, p. 322, et trois arrêts : Paris, 8 janvier 1831 et 21 mars 1842 ; — Douai, 7 mai 1828.

(2) Paris, 22 déc. 1856. — V. aussi Zachariæ, Aubry et Rau, au t. I, p. 312.

rié ; les citoyens français, aux termes de l'article 9 de la loi du 25 ventôse an XI, pouvant seuls être témoins dans ces sortes d'acte. De même encore, il ne pourrait exercer la profession d'avocat.

L'étranger domicilié peut-il être nommé arbitre ? MM. Zachariæ et Demolombe font une distinction entre l'arbitrage volontaire et l'arbitrage forcé. L'étranger capable d'être arbitre dans le premier cas ne saurait l'être dans le second. En ce qui concerne l'arbitrage forcé, depuis la loi du 17 juillet 1856 qui a supprimé cette institution, la question ne présente plus d'intérêt. Pour ce qui est de l'arbitrage volontaire, nous pensons que l'étranger ne pourrait même en remplir les fonctions : en faisant l'instruction, en donnant date certaine à ses procès-verbaux, il exercerait une véritable fonction politique, et un pareil mandat ne saurait régulièrement être confié à des étrangers qui, quoique autorisés à résider en France ne peuvent y exercer des fonctions publiques, même momentanées (1).

M. Zachariæ refuse à l'étranger domicilié en France le droit de tutelle et, par suite, le droit de faire partie d'un conseil de famille, parce que, suivant lui, ces droits sont une dépendance de l'état politique. Nous ne saurions partager cette opinion empruntée au droit romain. Les droits de famille (et la tutelle est un droit de famille) sont considérés par le Code civil comme de purs droits civils, et appartiennent sans restrictions à tous les Français ; par conséquent, ils appartiennent aussi à tous les étrangers domiciliés ou non domiciliés. La

(1) Dalloz, *Droits civils*, tit. II, chap. II, sect. III, § 403.

question ne se présente même pas pour ceux qui comme nous admettent sur l'article 11 que les étrangers ont en France la jouissance de tous les droits civils que la loi ne leur a pas expressément retirés. Pour les mêmes motifs, nous pensons que l'étranger, domicilié ou non, peut adopter ou être adopté (1), bien cependant que certains auteurs soutiennent que le droit d'adoption touche à l'ordre public encore plus qu'au droit civil.

Peut-on considérer l'article 13 comme faisant cesser, relativement à l'étranger domicilié, le principe en vertu duquel les lois personnelles, celles qui règlent son état et sa capacité, suivent un étranger partout où il se trouve? M. Demangeat enseigne que l'étranger, par cela même qu'il demande à établir son domicile en France est censé se soumettre à toutes les lois civiles qui s'appliquent aux Français ; ce savant auteur fait remarquer, qu'il y a un rapport intime entre le domicile d'une personne et le statut qui régit l'état et la capacité de cette personne, et que la participation de l'étranger aux avantages de la loi civile, l'oblige à en subir l'entière application (2). M. Demolombe, au contraire, soutient que l'étranger domicilié demeure toujours soumis aux lois de son pays, mais avec des restrictions qui atténuent singulièrement la portée de la règle (3). Si grandes que soient ces deux autorités, nous préférons cependant nous ranger à l'opinion de ceux qui pensent que l'acquisition d'un domicile en France ne faisant pas acquérir la qualité de Français laisse l'étranger membre de

(1) M. Valette, sur Proudhon, p. 175.
(2) *Histoire de la condition civile des étrangers en France*, p. 414.
(3) Demolombe, t. I, n° 268, p. 335.

la nation à laquelle il appartient avant de se fixer en France, d'où la conséquence que l'état et la capacité de l'étranger sont toujours réglés par la loi personnelle. La cour de Paris a formellement consacré cette doctrine en décidant que l'étranger domicilié conformément à l'article 13, n'en est pas moins soumis pour sa capacité au statut personnel de son pays; que si, par exemple, il est dans son pays incapable comme religieux entré dans les ordres de contracter mariage, cette incapacité le suit en France et rend nul le mariage qu'il y aurait formé (Paris, 13 juin 1814). C'est encore par application de ce principe, et toujours avec raison, selon nous, que la cour de Paris a décidé, que la loi du pays de l'étranger domicilié en France devait régir sa succession mobilière (7 nov. 1026) (1).

En résumé, l'étranger qui obtient l'autorisation de fixer son domicile en France, se soustrait à toutes les lois exceptionnelles auxquelles il était soumis; acquiert la jouissance de tous les droits civils que la loi lui avait retirés, mais en définitive reste étranger et comme tel exclu de tous les droits attachés à la qualité de citoyen, et a toujours son état et sa capacité réglés par la loi de son pays, alors même qu'il aurait perdu l'esprit de retour (2).

Perte du bénéfice de domicile. — Après avoir étudié l'acquisition du bénéfice de domicile et ses effets, il ne nous reste plus qu'à voir comment se perd ce bénéfice. Il se perd par le retrait de l'autorisation qui avait été

(1) Conf. Demolombe, t. I, n° 268.
(2) Contra, MM. Valette, sur Proudhon, t. I, p. 194; — Demante, t. I, p. 82 et 83.

accordée à l'étranger. Nous savons que depuis la loi du 3 décembre 1849, c'est le chef de l'État qui exerce ce droit de retrait, le conseil d'État entendu. Constatons encore à ce propos une différence bien caractéristique entre l'étranger domicilié et le Français. La jouissance des droits civils attachés à la qualité de Français constitue pour le national un droit dont il ne peut être privé que par la loi et dans les cas prévus par les articles 17 et suivants. Pour l'étranger, au contraire, la jouissance des droits civils constitue une faveur, toute précaire et essentiellement révocable. L'autorité judiciaire n'intervient donc pas pour retirer à l'étranger l'autorisation qui lui a été accordée, mais elle peut avoir à intervenir pour vérifier si toutes les conditions auxquelles la loi subordonne les effets de l'autorisation ont été remplies. L'autorisation, nous avons déjà eu occasion de le dire, ne produit d'effet et ne fait acquérir à l'étranger la jouissance des droits civils, que tant qu'il continue de résider en France (art. 13), mais nous devons observer en dernier lieu qu'une absence momentanée n'entraînerait aucune déchéance (1).

(1) M. Valette, sur Proudhon, t. I, p. 178 et 179, not a ; — Demolombe, t. I, n° 270 ; — Zachariæ, § 71, n° 6 ; — Soloman, n° 73.

CHAPITRE VI

DES MODES D'ASSIMILATION AVEC CONCESSION DU TITRE DE NATIONAL OU NATURALISATION.

Sont Français naturalisés, en prenant cette expression dans son acception la plus large : 1° les enfants nés en France d'un étranger (C. civ. art. 9); 2° l'enfant né d'un Français qui aurait perdu cette qualité (art. 10); 3° la femme étrangère qui épouse un Français (art. 12); 4° l'ex-Français qui remplit les conditions prescrites par l'article 18; 5°, l'ex-Français qui, devenu veuve, se conforme à l'article 10; 6° les habitants d'un territoire étranger réuni à la France; 7° les personnes qui sont l'objet d'une naturalisation proprement dite.

On distingue deux espèces de naturalisation : la naturalisation par *bienfait de la loi et la naturalisation proprement dite.* Tous les divers cas de naturalisation que nous venons d'énumérer rentrent dans l'une ou l'autre de ces deux espèces. Occupons-nous, d'abord, de la naturalisation par bienfait de la loi.

NATURALISATION PAR BIENFAIT DE LA LOI

La naturalisation par bienfait de la loi a un caractère tout différent de celui de la naturalisation proprement dite. L'une est un droit, l'autre une faveur. L'étranger, qui par la première acquiert la qualité de Français, use d'une faculté qui lui est conférée par la loi. Il ne devient Français par la seconde qu'autant que le gouvernement veut bien accueillir favorablement la demande qu'il doit lui adresser à cet effet. La naturalisation par bienfait de la loi a en outre un caractère potestatif bien différent de celui que l'on trouve dans la naturalisation proprement dite. Si, en effet, l'étranger est libre de remplir ou de ne pas remplir les conditions auxquelles elle produit son effet, du moment qu'il les a remplies, le bénéfice du bienfait de la loi lui est acquis. Au contraire, si l'étranger est libre de demander ou de ne pas demander la naturalisation proprement dite, encore même qu'il en aurait rempli toutes les conditions, il n'est point sûr de l'obtenir.

Ces deux espèces de naturalisation diffèrent non-seulement quant à leur nature, mais aussi quant au mode de leur obtention et même quant à la preuve. La naturalisation étant une faveur, une concession gracieuse faite par le gouvernement, celui qui prétend en avoir été l'objet, doit en faire la preuve. Il la fera au moyen des *lettres de naturalisation* délivrées par le gouvernement. L'étranger qui affirme être devenu Français par le bienfait de la loi n'a aucune lettre de naturalisation à présenter; si on lui conteste sa qualité, il a simplement à justifier qu'il a rempli toutes les conditions auxquelles sont subordonnés les effets du bienfait de la loi. Cependant le gouvernement a quelquefois délivré à cet étranger des lettres dites de *naturalité* ou de *déclaration* qui ne doivent pas être confondues avec les lettres de naturalisation proprement dite. Un arrêt de cassation du 4 mai 1830 a nettement tracé la distinction. Les lettres de naturalité constatent l'acquisition de la qualité de Français par bienfait de la loi ; les lettres de naturalisation confèrent la qualité de Français (1). Cette distinction a encore été consacrée dans la pratique par une circulaire ministérielle du 13 juillet 1844 : *L'étranger qui, en temps utile, a rempli les conditions imposées par la loi, peut sans le secours des lettres de naturalité se prévaloir de la qualité de Français, sauf à lui, en cas de contestation, à se pourvoir devant les tribunaux pour qu'il soit statué sur la question d'état* ».

Nous avons dit que par le bienfait de la loi on devient Français, que le gouvernement le veuille ou ne le veuille pas, et que ce mode d'assimilation se distingue par son caractère potestatif. La latitude laissée par la loi d'user ou de ne pas user de ce bénéfice, la possibilité accordée à l'étranger d'être assimilé au national par le seul effet de sa volonté, sont dangereuses et doivent nous engager à n'en user qu'avec précaution, et à en restreindre, dans de justes limites, l'application. Le droit qu'on a attribué à tout homme de devenir membre d'une nation, nous semble plus que contestable, et nous ne saurions partager l'opinion de M. Chamiot qui, lors de la discussion de la loi de 1840, soutint que c'était *un devoir pour la nation à qui ce droit était demandé de l'accueillir*. (1). Nous trouvons la réponse à ces théories dangereuses, dans ces paroles pleines de sagesse de M. Siméon : « *Si un étranger malheureux mais ardent, peut-être imprudent et criminel, ne vient chercher chez nous que l'obscurité et du repos, il les y trouvera toujours; mais s'il*

(1) Voyez également un arrêt de rejet du 19 août 1841.
(2) Le *Moniteur* du 21 novembre 1849.

pouvait devenir Français, et même citoyen, sans l'aveu du gouvernement, il faudrait à son égard proportionner la sévérité à la hauteur et au danger de ses prétentions; elles forceraient à lui ôter justement, dès le principe, l'asile dont il ne se contenterait pas (1).

SECTION I.

Privilége attaché à la naissance sur le sol français (Art. 6, C. civ.; loi du 22 mars 1846; loi du 7 février 1851.)

Si l'on apprécie l'art. 9 en lui-même, abstraction faite du droit antérieur, on peut dire que le législateur s'est montré très-libéral à l'égard de l'étranger né en France; mais on changera bien vite d'opinion si on le compare à notre ancienne législation.

A Rome, il est vrai, et même chez les peuples grecs, c'était un principe que la nationalité se transmettait *jure sanguinis*, et partout on ne connaissait que les nationaux d'origine. Mais il n'en a pas toujours été de même en France; sous la période féodale, la nationalité s'acquérait *jure soli*, et quiconque naissait sur le territoire français, était Français (2). Le principe de la domination de la terre sur l'homme avait donné naissance à cette règle. En ce temps-là, la terre avait une importance qu'elle a perdue aujourd'hui; par elle on était noble, par elle on était asservi; aussi trouvait-on tout naturel qu'elle imposât la nationalité.

Cette doctrine, qui rattache la nationalité de l'homme

(1) Fenet, t. VII, p. 160.
(2) Pothier, *Traité des personnes*, tit. II, sect. 1.

à la terre qui l'a vu naître, est encore suivie aujourd'hui dans plusieurs États : en Espagne, en Angleterre, aux États-Unis. Avant 1789, elle formait le droit commun des nations, et le droit intermédiaire, malgré sa fureur d'innovations, la trouvant juste, l'avait respectée : « *Sont citoyens Français,* disait la constitution du 3 septembre 1791, *ceux qui nés en France d'un père étranger ont fixé leur résidence dans le royaume* ». La constitution du 14 juin 1793 exagéra même le principe, et admit à l'exercice des droits de citoyen « *tout étranger âgé de vingt ans accomplis qui, domicilié en France depuis une année, y vivait de son travail, ou acquérait une propriété, ou épousait une Française, ou adoptait un enfant, ou nourrissait un vieillard, ou enfin qui était jugé par le Corps législatif avoir bien mérité de l'humanité.* » La libéralité avec laquelle la Convention avait prodigué la qualité de Français provoqua une réaction, qui eut pour effet de modifier considérablement les anciens principes.

Dans la séance du 6 thermidor an IX, lors de la discussion du projet de loi sur la jouissance des droits civils, M. Tronchet fit observer : « que le projet de loi sur la jouissance des droits civils ne se prononçait pas sur la nationalité de l'enfant né en France d'un père étranger, et que cependant la faveur de la population avait toujours fait regarder ces individus comme Français, pourvu que, par une déclaration, ils exprimassent la volonté de l'être. » M. Boulay ajouta qu'on pouvait d'autant moins refuser les droits civils au fils de l'étranger lorsqu'il naissait en France, que la constitution (celle du 22 frimaire an VIII) lui donnait les droits politiques. Le Premier Consul, qui présidait la séance, se

plaçant à un point de vue pratique, fit observer : « que
si les individus, nés en France d'un père étranger,
n'étaient pas considérés comme étant de plein droit
Français, on ne pourrait alors soumettre à la conscrip-
tion et aux autres charges publiques les fils de ces étrangers qui s'étaient établis en grand nombre en France, où
ils étaient venus comme prisonniers ou par suite des
événements de la guerre. C'était l'intérêt de la France
de les admettre au rang de Français (1). » Et il proposa
la rédaction suivante qui fut adoptée : « *Tout individu
né en France est Français* ».

Au Tribunat, M. Siméon, rapporteur de la commission, combattit vivement cette rédaction : « en Angleterre, dit-il, l'enfant qui y naît est généralement sujet du
roi ; cela ressent la féodalité, cela n'est pas à imiter.....
Si chaque nation fait une telle déclaration, nous per-
drons autant de Français que nous en gagnerons (2). »
M. Boulay, orateur du gouvernement, avait soutenu le projet en ces termes : « C'est par les distinctions de territoire que l'on distingue le plus généralement les nations. C'est donc se conformer à la nature
des choses que de reconnaître la qualité de Français
dans celui-là même qui n'a d'autre titre à cette qualité
que d'être né sur le sol français (3). » Néanmoins le
Tribunat refusa de voter le projet du gouvernement.
Une transaction s'ensuivit qui eut pour résultat la doctrine nouvelle contenue en l'art. 9. Cet article n'est

(1) Séance du 11 frimaire an X (2 décembre 1801).
(2) Séance du Tribunat du 23 frimaire an X (10 décembre 1801).
(3) Séance du Corps législatif du 11 frimaire an X.

donc qu'un moyen terme entre les deux opinions extrêmes ; l'enfant né en France est étranger, mais il peut devenir Français par le bienfait de la loi ; l'étranger né en pays étranger ne peut devenir Français que par la naturalisation.

Le bénéfice de l'article 9 peut être invoqué par les enfants légitimes ; peut-il l'être également par les enfants naturels ? Oui, certes ; car la loi ne distingue pas entre les enfants légitimes et les enfants naturels. En conséquence, par cela seul qu'on est né en France, on se trouve dans le cas prévu par l'article 9, et on peut réclamer la qualité de Français. Cette solution, admise par tous les auteurs, ne souffre pas de difficultés. L'enfant, soit légitime, soit naturel, qui n'aurait été que conçu en France et qui serait né en pays étranger, pourrait-il invoquer l'article 9 ? Incontestablement non. En effet, si le législateur facilite à l'individu né en France l'acquisition de la qualité de Français, c'est parce que la nature met toujours au cœur de l'homme un sentiment d'affection pour la terre qui l'a vu naître, sentiment que l'éducation, les habitudes de l'enfance, la langue, en un mot, développent, parce qu'alors, suivant l'heureuse expression de Merlin : l'étranger est un *Français commencé* (1). Mais l'unique circonstance de la conception en France n'offre aucune garantie de patriotisme. Et comment constater en outre, pour en faire dépendre la nationalité, un fait aussi obscur que la conception ? Ce système est enseigné par MM. Duranton, Demolombe, Marcadé et Beudant. Le système contraire

____

(1) Merlin, *Légitimité*, section IV, § 3.

a été soutenu par M. Richelot qui invoque la fameuse maxime : *Infans conceptus pro nato habetur quoties de commodis ejus agitur* (1).

D'après le droit des gens, l'hôtel d'un ambassadeur est considéré comme faisant partie du territoire de la nation que cet ambassadeur représente. L'enfant né en France dans cet hôtel pourrait-il aussi réclamer le bénéfice de l'article 9 ? Nous croyons que l'affirmative doit être admise, car la fiction que cet hôtel est censé un sol étranger n'existe que relativement à l'ambassadeur considéré comme représentant de sa nation. On ne peut donc appliquer à l'enfant né dans l'hôtel d'un ambassadeur les principes du droit des gens. Réciproquement nous devons admettre que l'enfant né dans l'hôtel d'un ambassadeur à l'étranger, ne naît pas en France et ne saurait par conséquent invoquer l'article 9 (2).

Mais l'étranger né pendant la traversée sur un bâtiment français jouirait du bénéfice de l'article 9 ; car les navires sont réputés faire partie du territoire de la nation à laquelle ils appartiennent.

Aux termes de l'article 2 de la loi du 7 février 1851, l'article 9 du Code civil est applicable aux enfants de l'étranger naturalisé, quoique nés en pays étrangers s'ils étaient mineurs à l'époque de la naturalisation de leur père. A l'égard des enfants nés en France ou à l'étranger qui étaient majeurs à cette même époque l'article 9 leur est applicable dans l'année qui suivra

(1) Richelot, t. I, p. 115.
(1) V. Legat, p. 10 ; — Delvincourt, p. 18 ; — Duranton, n° 129 ; — Armand Dalloz, *Naturalisation*, n° 33.

celle de ladite naturalisation. Le bénéfice attaché à la naissance sur le sol français a été étendu par le décret du 30 juin 1860 rendu en exécution du sénatus-consulte du 12 du même mois aux sujets sardes encore mineurs au moment de sa promulgation, nés dans la Savoie ou dans le comté de Nice avant la réunion de ces pays à la France.

L'article 9 énumère les conditions que doit remplir l'étranger né en France qui réclame la qualité de Français. Dans le cas où il réside en France, il n'a qu'à déclarer son intention d'y fixer son domicile ; dans le cas où il réside en pays étranger, il n'a qu'à faire soumission de se fixer en France et de s'y établir réellement dans l'année de sa soumission. Toutes ces conditions sont potestatives pour l'étranger : il est libre ou non de les remplir, mais s'il les remplit ce doit être dans l'année de sa majorité. S'il se présente plus tard, on présume que sa détermination lui est inspirée non par l'amour qu'il ressent pour la France, mais par des motifs d'intérêt personnel. Il ne faut pas, a dit le tribun Gary : « *Que la patrie dans le sein de laquelle il a vu le jour, reste plus longtemps incertaine sur sa détermination.* » Mais de quelle majorité le législateur a-t-il voulu parler, de la majorité Française, ou de la majorité telle qu'elle est réglée par la loi étrangère ?

Les auteurs qui soutiennent que c'est à la loi Française qu'il faut se référer pour la fixation de la majorité dont parle l'article 9, font le raisonnement suivant : D'après la constitution du 22 frimaire an VIII (13 décembre 1799) article 2 : Tout homme né et résidant en France, qui âgé de vingt et un ans accomplis, s'était fait inscrire sur le registre civique de son arrondissement communal et qui avait demeuré depuis un an sur le territoire de la République était citoyen Français. Or le Code civil ayant été rédigé sous l'empire de cette constitution, le législateur, en rédigeant l'article 9, a eu nécessairement en vue la majorité de vingt et un ans : donc c'est dans l'intervalle de vingt et un ans à vingt-deux ans que l'étranger né en France doit, conformément à l'article 9, réclamer la qualité de Français (1).

Dans le système contraire, on fait observer d'abord qu'il ne faut tenir nul compte de la disposition de l'article 3 de la constitution de l'an VIII. En effet, sous l'empire de cette constitution, quiconque naissait sur le sol Français était par cela même Français. On n'avait donc pas besoin plus tard de réclamer ce titre, et l'article 2 avait trait à la manière d'acquérir la qualité de citoyen, et non, celle de Français. La constitution de l'an VIII ne saurait donc être invoquée pour l'interprétation de l'article 9 du Code civil, puisque les deux hypothèses sont essentiellement distinctes. On remarque encore le texte formel de l'article 9, qui parle de la *majorité de l'étranger* et non de la majorité en général. Or, la majorité de l'étranger est celle que fixe sa loi personnelle. Que si l'on veut encore soutenir que la majorité dont parle l'article 9 doit être réglée par la loi Française on arrive aux conséquences suivantes : dans la majeure partie de l'Europe, l'on n'est majeur qu'à vingt-cinq ans ou du moins à un âge qui excède vingt et un ans ;

(1) Duranton, n° 129 ; — Delvincourt, p. 18 ; — Zacharia, t. I, p. 157 ; — Coin-Delisle, n° 23.

comment dès lors obliger l'étranger à réclamer la qualité de Français lorsqu'il n'est pas libre lui-même, qu'il est encore en tutelle, ou soumis à l'autorité paternelle? La faveur de l'article 9 devient un droit illusoire. Cet article pose un délai de rigueur, qui entraîne déchéance; il est donc juste de donner pour point de départ à ce délai le moment où l'étranger intéressé est en mesure de choisir et de se prononcer. Et quel doute pourrait subsister en présence des paroles de M. Treilhard, chargé de présenter le projet de loi au Corps législatif et d'en exposer les motifs : « Quant au fils de l'étranger qui reçoit accidentellement le jour en France, on ne peut pas dire qu'il ne soit pas étranger, mais pourquoi lui refuserait-on le droit de réclamer à sa majorité la qualité de Français, que tant et de si doux souvenirs peuvent lui rendre cher » (1). Il est donc bien évident que l'enfant né en France est étranger, et que dès lors sa capacité est régie par ses lois personnelles, et que ce sont ces lois et non les lois françaises qu'il faut suivre pour déterminer l'époque de sa majorité.

A l'appui de ce système, nous pouvons invoquer la loi du 7 février 1851. Cette loi, article 1er, dans une hypothèse analogue à celle à laquelle s'applique l'article 9, fixe la majorité à vingt et un ans; mais la loi s'occupe d'une personne qui est réputée Française. Par analogie on dit, que si cette loi ordonne à la personne qui revendique la qualité d'étranger de le faire dans sa vingt et unième année, parce qu'elle est Française, la qualité de Français ne peut-être réclamée par l'enfant né en

<hr>

(1) V. Fenet, t. VII, p. 628.

France de parents étrangers que dans l'année de sa majorité, telle qu'elle est fixée par la loi de son pays, puisqu'il est étranger et comme tel soumis à ses lois. M. Valette a, d'ailleurs, donné à ce système la consécration de son autorité et admis que l'on ne pouvait faire encourir la déchéance de l'article 9 à l'étranger qu'autant qu'il était majeur non-seulement d'apres la loi Française, mais encore d'après la loi de son pays (1).

L'article 9 exige que les déclarations soient faites dans l'année qui suit la majorité, mais ce délai fatal a été prorogé dans trois cas où l'etranger méritait encore plus de faveur. Énumérons rapidement ces trois cas. La loi de 1849 nous indique les deux premiers : *Article unique* « l'individu né en France d'un étranger sera admis, même après l'année qui suivra l'époque de sa majorité, à faire la déclaration prescrite par l'article 9 du Code civil, s'il se trouve dans l'une des deux conditions suivantes : 1° s'il sert ou s'il a servi dans les armées Françaises de terre ou de mer ; 2° s'il a satisfait à la loi du recrutement sans exciper de son extranéité. Ai-je besoin de dire quelles considérations ont motivé ces deux dérogations au principe de l'article 9. Par elles, la loi de 1849 a heureusement comblé une des lacunes de notre législation et réparé une injustice en permettant à l'individu né en France qui avait satisfait à la loi sur le recrutement, et qui cependant était resté étranger, d'acquérir la qualité de Français par le bénéfice de l'article 9, bénéfice dont il était exclu pour avoir, sou-

____

(1) Valette, *Explication sommaire du livre I*, p. 12.

vent par ignorance, laissé écouler l'année de sa majorité sans faire de soumission.

Remarquons que cette loi a modifié la disposition de l'article 2 de la loi du 21 mars 1832, ainsi conçu : « Tout individu né en France de parents étrangers sera soumis aux obligations imposées par la présente loi (c'est à dire au tirage au sort et au service militaire), immédiatement après qu'il aura été admis à jouir du bénéfice de l'article 9 du Code civil. » La loi de 1832 avait voulu par cette disposition prévenir une fraude qui se présentait très-souvent dans la pratique. L'enfant né en France de parents étrangers excipait d'abord de sa qualité d'étranger pour se soustraire au tirage au sort, puis, les opérations du tirage terminées, il réclamait le bénéfice de l'article 9. Depuis la loi de 1840, celui qui se sera laissé porter sur les listes de recrutement sans exciper de son titre d'étranger et qui aura servi dans les armées françaises, s'il use du privilége que cette même loi lui confère, ne sera pas soumis à la disposition de l'article 2 de la loi du 21 mars 1832. En effet, aucune fraude n'est plus à craindre puisque l'étranger a couru les chances du tirage au sort et s'est soumis aux devoirs attachés au titre de Français. Mais depuis cette même loi de 1840, l'enfant né en France d'un étranger ne pourrait réclamer, après l'année de sa majorité, la qualité de Français s'il avait excipé de son extranéité pour ne pas satisfaire à la loi du recrutement ; alors même qu'il eût été mineur à cette époque et qu'il se fût fait inscrire plus tard, *comme omis*, sur les tableaux de recrutement (1).

(1) Cass., 27 janvier 1869.

L'article 2 de la loi de 1851 déjà citée nous indique le troisième cas où le délai fixé par l'article 9 est prorogé. « L'article 9 du Code civil est applicable aux enfants de l'étranger naturalisé, quoique nés en pays étrangers, s'il étaient mineurs lors de la naturalisation (1). A l'égard des enfants nés en France ou à l'étranger, qui étaient majeurs à cette même époque, l'article 9 leur est applicable *dans l'année qui suivra celle de ladite naturalisation.*

Dans quel lieu, dans quelle forme doit être faite la soumission prescrite par l'article 9 ? M. Demolombe enseigne qu'elle devra être faite à la municipalité de la résidence actuelle du déclarant ou de celle dans laquelle il se proposera d'établir son domicile. A l'appui de cette opinion il invoque le décret du 17 mars 1809 qui règle les formalités relatives à la naturalisation des étrangers et qui est ainsi conçu, article 2 : « La demande en naturalisation et les pièces à l'appui seront transmises par le maire du domicile du pétitionnaire au préfet qui les adressera avec son avis à notre grand juge ministre de la justice. » La loi du 7 février 1851, article 1, consacre ce système et nous croyons que conformément aux dispositions de cette même loi, la soumission de l'article 9 pourra être valable-

_____

(1) Le projet de la commission portait : *Les dispositions de l'article 9, C. civ., sont applicables aux enfants mineurs de l'étranger nés avant sa naturalisation.* Ce texte général visait tant les enfants nés en *pays étrangers* que ceux nés en *France*, bien que la condition de ces derniers fût déjà réglée par l'article 9, C. civ.; la nouvelle rédaction proposée par M. Valette a fait cesser cette répétition, en ne parlant que des mineurs nés en pays étrangers.

ment faite devant un agent diplomatique ou consulaire français par les individus résidant à l'étranger (1).

L'option pour la qualité de Français produit-elle un effet rétroactif au point de faire considérer l'étranger né en France comme Français depuis sa naissance, ou bien ne confère-t-elle à l'étranger la qualité de Français qu'à compter du jour de sa déclaration ? L'un et l'autre système sont également suivis. Partisan du premier, M. Merlin dit : « L'enfant né en France d'un étranger a un droit tout particulier à la protection des juges nationaux, car il n'est pas seulement habile à devenir Français, mais il est déjà un *Français commencé* (2). M. Toullier, également partisan de ce premier système, invoque à son tour les considérations suivantes : « Le mot *réclamer* dont se sert le législateur dans l'article 9 indique la conservation d'une qualité donnée par la naissance sous condition suspensive, tandis que le mot *recouvrer* employé dans les articles 10, 18 et 19, indique une qualité perdue. La loi nous dit que c'est seulement dans les hypothèses prévues par les articles 10, 18 et 19 qu'il n'y a pas rétroactivité; donc, dans l'hypothèse prévue par l'article 9, il y a rétroactivité (3).

(1) Locré, *Lég.*, 11, p. 81 et 85, n° 3 ; — Richelot, t. I, 69 ; — Demolombe, n° 163 ; — Magnin, *Traités des minorités*, 104.

(2) Merlin, *Légitimité*, sect. IV, § 3 ; — Toullier, t. I, n° 208 ; — Zachariæ I, § 69 ; — Aubry et Rau, § 70, n° 10 ; — Coin-Delisle, sur l'article 9.

(3) Valette, *Explication sommaire*, p. 10 et 11 ; — Cass., 19 juillet 1848, 11 décembre 1847.

Les partisans du second système répondent : « que souvent dans les actes législatifs, *réclamer* est synonyme de demander ; que l'argument *a contrario* tiré de ce que l'article 20 ne vise point l'article 9 est faux, car l'article 20 ne vise pas davantage l'article 21 et cependant, dans le cas prévu par ce dernier article, lorsque le Français qui a perdu sa qualité pour service militaire pris à l'étranger la recouvre, il n'y a pas rétroactivité. Si dans l'article 20 le législateur s'explique sur les effets du recouvrement de la qualité de Français, c'est que les lois antérieures en faisaient remonter l'effet au jour de la perte, c'est qu'on voulait abroger la théorie romaine du *jus Postliminii*, témoins ces paroles du tribun Gary au Corps législatif : *On distinguait les lettres de naturalité qui donnaient à un étranger la qualité de Français, des lettres de déclaration qui rendaient cette qualité au Français qui l'avait perdue ou à ses enfants ; et ces lettres de déclaration avaient un effet rétroactif. C'était un abus que l'article 20 fait cesser. Il déclare que les individus qui recouvreront la qualité de Français, ne pourront s'en prévaloir que pour l'exercice des droits ouverts à leur profit depuis qu'ils l'auraient recouvrée.* Il n'y avait pas de loi semblable à abroger pour l'étranger de l'article 9, qui ne recouvre pas une qualité ancienne, mais qui acquiert une qualité nouvelle. La loi, d'ailleurs eût été bien inconséquente en permettant à l'étranger de l'article 9 de répéter tous les droits ouverts depuis sa naissance, comme s'il avait toujours été Français, tandis qu'elle refusait cet avantage à l'étranger de l'article 10, traité cependant par la loi elle-même beaucoup plus favorablement, autorisé qu'il est à réclamer la qualité de Français longtemps après sa majorité.

Le premier système présente encore cet inconvénient grave de laisser en suspens la nationalité de l'enfant, jusqu'au moment où la loi lui permet d'opter, c'est-à-dire depuis la loi du 22 mars 1849, pendant un espace de temps complétement illimité. Quel sera alors le sort de tous les actes passés par l'étranger depuis le jour de sa naissance jusqu'au jour de son option? Leur sort dépendra de sa volonté! Toutes ces considérations nous semblent concluantes et nous déterminent à adopter l'opinion de ceux qui pensent que l'option de nationalité ne saurait avoir d'effet rétroactif, et cela avec d'autant plus de facilité que la loi de 1851 nous fournit encore un argument à l'appui de cette opinion (1). Aux termes de l'article 2 de cette loi, l'article 9 est applicable à l'enfant d'un étranger naturalisé, alors même que cet enfant n'est pas né en France. Est-il admissible que dans cette hypothèse l'enfant devienne rétroactivement Français? Il faudrait cependant aller jusque-là et on ne pourrait déserter cette conséquence si l'on adoptait le premier système.

Etant admis le principe de la non-rétroactivité, il faut en déduire : que l'individu qui n'aurait agi en réclamation que plusieurs mois après sa majorité, ne

(1) En ce sens, MM. Duranton, I, 199; — Dalloz, *Droits civils*, tit. II, chap. I, sect. II, § 135; — Duvergier, *sur Toullier*; — Richelot, Marcadé, Ducauroy; — Bonnier; — Roustain; — Demolombe; — Beudant; — Marc; — Duca; — Arrêt, Paris, 4 janvier 1847.

deviendrait Français que du jour où sa demande aurait été formulée. Au surplus, depuis la loi du 14 juillet 1810 et à part le cas exceptionnel de successions ouvertes avant sa promulgation, la question de savoir si l'article 9 a un effet rétroactif a beaucoup perdu de son importance. Mais elle en présenterait encore dans le cas où l'étranger aurait eu des enfants avant de réclamer la qualité de Français. Suivant que l'on se prononce ou non pour le principe de la rétroactivité, il faudrait décider que ces enfants sont étrangers ou Français. Même conséquence dans le cas où l'étranger aurait épousé une femme étrangère.

L'individu né en France ne peut prétendre à la qualité de Français qu'autant qu'il la réclame dans l'année de sa majorité; il s'ensuit que l'enfant décédé mineur ou même dans l'année qui suit sa majorité, mais avant d'avoir formé sa demande, meurt étranger, et que le droit que lui confère l'article 9 n'est pas transmissible à ses héritiers. Personne ne peut réclamer en son nom la qualité de Français, car il est impossible d'assimiler cette réclamation à une action pécuniaire.

Il nous reste à parler des innovations introduites en notre matière par la loi du 7 février 1851. Cette loi est venue modifier le système nouveau introduit par le législateur de 1804, que nous venons d'étudier en l'article 9, et rétablir dans une large mesure l'ancien principe que la naissance sur le sol de la France était attributive de la qualité de Français. Elle a pour but de déterminer la condition des enfants nés en France de parents étrangers qui eux-mêmes y sont nés, et les enfants des étrangers naturalisés (1).

L'article 1 de la loi est ainsi conçu : « Est Français (2) tout individu né en France d'un étranger qui lui-même y est né, à moins que dans l'année qui suivra l'époque de sa majorité, telle qu'elle est fixée par la loi française, il ne réclame la qualité d'étranger par une déclaration faite soit devant l'autorité municipale du lieu de sa résidence, soit devant les agents diplomatiques ou consulaires accrédités en France par le gouvernement étranger. On voit comment cette loi a modifié l'article 9. Aux termes de ce dernier article l'enfant né en France de parents étrangers est étranger; aux termes de la loi de 1851, l'enfant né en France de parents étrangers qui eux mêmes y sont nés est Français. D'où les conséquences suivantes : l'enfant auquel s'applique l'article 9 est étranger sous condition résolutoire, et Français sous condition suspensive, tandis que l'enfant auquel s'applique la loi de 1851 est Français sous condition résolutoire et étranger sous condition suspensive. Le premier, étant étranger, n'est pas soumis, tant qu'il conserve cette qualité, aux charges et aux devoirs de la qualité de Français, au service obligatoire, par exemple, mais il ne peut non plus obtenir les avan-

(1) Proposition de MM. Raulin et Benoît Champy. Prise en considération sur le rapport de M. Coëtlosquet, le 9 janvier 1850 (*Moniteur* du 12). Discussion et adoption le 5 juin (*Mon.*, 6). Rapport par M. Benoît-Champy, le 30 décembre. (*Mon.*, 6 janvier 1851). Troisième lecture et adoption, le 7 février (*Mon.* 8).

(2) *Est Français.* Le projet de la commission portait : *sera Français.* Cette rédaction au futur pouvait faire craindre que la loi ne disposât que pour l'avenir. C'est M. Valette qui a insisté et avec beaucoup de raison pour ce changement, auprès de la commission. V. le rapport de M. Benoît-Champy.

tages que confère la qualité de Français (1). Ce second point est cependant contesté, surtout par la pratique : ainsi le tribunal de la Seine saisi de la question de savoir si un individu né en France de parents étrangers pouvait se présenter avant l'époque de sa majorité aux examens de l'École polytechnique, s'était prononcé pour l'affirmative et avait admis l'étranger à se prévaloir à titre provisoire du moins, des avantages de la qualité de Français. Cette décision avait surtout été motivée par cette considération que l'étranger ne pourrait plus être admis à l'école après sa majorité (28 *avril* 1840). Malgré la valeur de cet argument, la cour de Paris a rendu, quelques années plus tard (14 *juillet* 1856), une décision tout à fait contraire à celle que nous venons de rapporter, et consacré ce principe : que l'enfant étant étranger, et les Français étant seuls admissibles aux écoles du gouvernement, il ne pouvait s'y présenter; et d'autre part, que la déclaration imposée par l'article 9 ne pouvant ni se présumer, ni se suppléer, personne, pas même ses parents n'avaient de droit le la faire pour lui.

L'enfant auquel s'applique la loi de 1851 étant Français, obtient, tant qu'il conserve cette qualité, les avantages qui y sont attachés, et en supporte les charges. Ainsi cet enfant est soumis au service obligatoire. Cette conséquence n'est point contestée par la pratique qui au contraire l'a consacrée plusieurs fois (2); mais elle l'a

(1) MM. Demangeat sur Félix, t. I, p. 96; — Val. *Explic. sommaire* p. 14; — Demante, t. II, app. n° 315 bis; — Demolombe, n° 165 ter.
(2) Douai, 18 décembre 1851.

été, et non sans quelque apparence de raison, par M. Demante, qui invoque le rapport sur le projet de loi, où il
est dit que la commission voulait laisser à la loi spéciale sur le recrutement le soin de régler l'appel et le
tirage au sort des étrangers devenus Français faute d'une
déclaration d'extranéité, de même qu'ils sont réglés par
l'article 3 de la loi du 21 mars 1832, en ce qui concerne
les étrangers devenus Français par l'effet de la déclaration prescrite par l'article 9, C. civ. (1) Pour réfuter cette
opinion, il suffit de remarquer que rien dans la loi n'indique qu'il ait été tenu compte des désirs exprimés par la
commission, et que le rapporteur, en qualifiant d'étrangers les individus devenus Français par application de
l'article de la loi, commettait une erreur, puisque ces individus sont incontestablement Français de naissance.
Le doute n'est d'ailleurs plus permis en présence de
l'opinion professée par M. Valette, l'un des rédacteurs
de la loi du 7 février 1851, opinion conforme à celle
que nous avons émise en premier (2).

Il est inutile que nous rapportions ici une seconde fois
le texte du paragraphe 2 de la loi de 1851 que nous
avons déjà eu occasion de citer plus haut.

Les innovations introduites par la loi de 1851 ont
tout récemment donné lieu à la question intéressante de
savoir si l'individu né en France d'un étranger qui lui
même y est né peut revenir sur l'option qu'il a faite pour
la nationalité étrangère, dans l'année de sa majorité,

(1) *Rapport* de M. Benoît-Champy, 30 déc. 1850), art. 9.
(2) Valette, *Explication sommaire* du livre I, p. 14.

alors qu'il se trouve précisément encore dans l'année de sa majorité. Le tribunal civil de Lille a résolu la question dans les sens de la négative (Affaire Bonzel contre le préfet du Nord, 18 mai 1872). Cette décision est conforme au texte rigoureux de la loi, mais dans l'espèce qui était soumise au tribunal de Lille, elle nous paraît contraire à son esprit. En effet, l'individu qui revenait sur son option, et se prononçait pour la nationalité française, n'avait pris cette nouvelle détermination que pour se soumettre aux charges de la qualité de Français.

La loi de 1851 présente deux inconvénients graves. Premièrement, à la différence de l'article 9 qui offre la qualité de Français à ceux qui la désirent et à qui leur naissance permet de l'accorder sans danger, cette loi l'impose à ceux qui peut-être ne la désirent pas, en faisant Français malgré eux, des individus, qui, nés en France de parents qui eux-mêmes y sont nés, ont peut-être, dans l'ignorance de ses dispositions, laissé écouler l'année de leur majorité sans réclamations. Deuxièmement, elle rétablit l'ancien principe du droit français : que la naissance sur le sol de la France était attributive de la qualité de Français, à la seule différence qu'il faut maintenant deux naissances au lieu d'une; et cela, dit notre savant professeur, M. Beudant : « *à une époque où les relations internationales sont si fréquentes et nécessaires, que régler la nationalité par le sol et non par les rapports de filiation, c'est faire entre les nations un échange continuel de nationaux, et, sous prétexte de constituer l'homogénéité de la famille française, la détruire en agglomérant des éléments disparates et passagers, sous un titre qui n'a de réalité qu'au tant qu'il est soutenu par un esprit commun (1).* »

SECTION II.

Privilége des ex-Français. (art. 10. C. civ.)

Plusieurs circonstances font perdre la qualité de Français ; aux termes de l'article 17 on perd cette qualité : 1° par la naturalisation acquise en pays étranger ; 2° par l'acceptation non autorisée par le gouvernement de fonctions publiques conférées par un gouvernement étranger ; 3° par tout établissement fait en pays étranger sans esprit de retour (article 17) ; 4° par le mariage de la femme française avec un étranger (article 19) ; et enfin, 5° par le service militaire pris à l'étranger sans autorisation du gouvernement (article 21).

Telles sont les circonstances diverses qui enlèvent la qualité de Français. Mais s'il y a faute, la loi a permis qu'il y eût place au repentir, et la déchéance n'est pas irrévocable, témoins les paroles suivantes prononcées par M. Boulay, orateur du gouvernement, dans le premier exposé de motifs fait au Corps législatif : « Si l'on peut supposer, dit-il, qu'un Français perde volontairement sa qualité, on doit supposer à plus forte raison qu'il aura le désir de la recouvrer après l'avoir perdue. Et alors sa patrie ne doit-elle pas être sensible à ses regrets ? Ne doit-elle pas lui rouvrir son sein lorsqu'elle est assurée de

(1) M. Beudant. *De l'effet de la naissance en France. (Revue critique de législation,* 1856, t. IV, p. 70).

leur sincérité? Ce ne doit plus être à ses yeux un étranger, mais un enfant qui rentre dans la famille (1). »
Aussi les modes par lesquels la loi facilite le retour de
l'ex-Français au sein de sa patrie, témoignent-ils de la
faveur et de l'indulgence avec laquelle il sera accueilli.
Ces modes constituent le second cas de naturalisation
par bienfait de la loi ; mais ici à la différence du premier
cas que nous venons d'étudier, le privilége est fondé sur
la faveur du sang ou de l'origine et non plus sur le lieu
de la naissance.

Si nous consultons l'histoire, nous devons dire que ce
privilége attaché au sang par notre législateur est nouveau et que ni les Grecs ni les Romains ne le connurent.
Tout au plus pourrions-nous considérer les lettres de
naturalité autrefois accordées par les rois à l'ex-Français naturalisé à l'étranger, qui en faisait la demande,
comme l'origine de ce privilége. Encore, devons-nous
constater que ces lettres de naturalité faisaient recouvrer rétroactivement la qualité de Français (2).

Les modes par lesquels l'ex-Français peut recouvrer
sa qualité après l'avoir perdue, diffèrent suivant que la
perte de la nationalité a été motivée par tel ou tel fait et
suivant la plus ou moins grande défaveur attachée à ce
fait. En conséquence le législateur distingue trois *catégories* d'ex-Français et établit pour chacune de ces
catégories un moyen différent de recouvrer la nationalité. Mais observons préalablement que dans toutes les
diverses catégories que nous allons parcourir, les effets

(1) M. Treilhard, *exposé des motifs.*
(2) Lyon, 11 mars 1818.

de la réintégration sont exactement les mêmes que ceux
produits par l'article 9 et que dès lors nous n'aurons
pas à en parler.

Première catégorie privilégiée. — Dans la première
catégorie, nous rangeons les ex-Français, qui auraient
perdu cette qualité pour l'une des causes énumérées en
l'article 17. Il suffit, dans les trois cas prévus par cet
article, de se conformer à l'article 18 pour recouvrer
la nationalité : « Le Français qui aura perdu sa qualité
de Français, pourra toujours la recouvrer en rentrant
en France avec l'autorisation du gouvernement et en
déclarant qu'il veut s'y fixer et qu'il renonce à toute distinction contraire à la loi française ». L'utilité de l'autorisation exigée par l'article 18 nous est nettement
indiquée par M. Treilhard, orateur du gouvernement au
Corps législatif. Le tribun Thiessé, nommé rapporteur
de la commission par le Tribunat, contestait la nécessité
de l'autorisation en ces termes : « Les anciens Français
qui rentrent en France sont toujours en assez grand
nombre pour que les chefs du gouvernement ne puissent pas vérifier par eux-mêmes la conduite passée de
tous; de là nécessité de livrer cet examen à des bu-
reaux qui décideront si des Français reverront ou ne
reverront pas le lieu qui les a vus naître, etc. » M. Treilhard, dont l'opinion prévalut, répondit : « Cependant
l'indulgence ne doit pas être aveugle et imprudente.
Le retour de ces Français ne doit être ni un moyen de
trouble dans l'État, ni un signal de discorde dans les
familles. Il faut que leur rentrée soit autorisée par le
gouvernement, qui peut connaître leur conduite passée
et leurs sentiments secrets. »

Quant au Français qui est devenu étranger pour avoir pris du service militaire à l'étranger ou s'être affilié à une corporation militaire étrangère, il ne peut rentrer en France qu'avec l'autorisation du gouvernement et recouvrer la qualité de Français qu'en remplissant les conditions imposées à l'étranger pour devenir Français, sauf le bénéfice des *lettres de relief* qui lui seraient accordées en vertu de l'article 12 du décret du 26 août 1811. Les motifs de cette sévérité ont encore été parfaitement expliqués par M. Treilhard (1) : « Cette circonstance a un caractère de gravité qui la distingue ; ce n'est plus un simple acte de légèreté, une démarche sans conséquence ; c'est un acte de dévouement particulier à la défense d'une nation, aujourd'hui notre alliée si l'on veut, mais qui, demain, peut être notre rivale et même notre ennemie. Le Français a dû prévoir qu'il pouvait s'exposer par son acceptation à porter les armes contre sa patrie. Le législateur a pensé alors que, dans ce cas, le Français devait être, soit pour rentrer en France, soit même pour recouvrer les droits de citoyen, soumis à des conditions particulières. »

Deuxième catégorie. — Dans la deuxième catégorie se place la femme française qui, ayant épousé un étranger, a suivi la condition de son mari et est devenue étrangère. Aux termes de l'article 19, cette femme, si elle devient veuve recouvre la qualité de Française, pourvu qu'elle réside en France, ou qu'elle y rentre avec l'autorisation du gouvernement en déclarant qu'elle veut s'y fixer. Notre article prévoit deux hypothèses, à savoir :

(1) Séance du 11 frimaire an x (2 décembre 1801).

le cas où la femme réside en France et le cas où elle réside à l'étranger lors de la dissolution de son mariage. Au premier cas, l'ex-Française recouvre de plein droit et sans autorisation la qualité de Française, elle n'est même pas tenue de déclarer qu'elle veut se fixer en France ; et peu importe dans ce dernier cas que la femme résidant habituellement en France se trouve momentanément, lors de la mort de son mari, en pays étranger ; cette circonstance ne l'empêche pas de recouvrer de plein droit sa qualité originaire (1). Quelques auteurs soutiennent que la femme qui réside en France lors de la dissolution de son mariage n'est pas dispensée de la déclaration d'y fixer son domicile, et font remarquer à l'appui de leur opininion : que l'article 19 § 2 s'exprime en termes généraux et sans faire d'exception ; que la double condition de l'autorisation et de la déclaration est exigée dans toutes les hypothèses ; et que le texte même de l'article démontre très-bien que le législateur a voulu soumettre la femme même *résidente* à la nécessité d'une déclaration, puisqu'il porte : *pourvu qu'elle y réside et qu'elle déclare s'y fixer.* Cependant nous croyons, conformément à l'opinion générale, que c'est seulement de la femme *rentrant* en France qu'on doit exiger une déclaration, et qu'on ne peut y soumettre celle qui y a son domicile de fait : ce serait la traiter avec trop de rigueur.

En faveur de ce système qui restitue à la femme sa nationalité de *plein droit,* on dit que le législateur, qui n'oublie jamais les enfants de la France, devait certai-

---

(1) Pothier, *Traité des personnes,* Ire partie, titre I, section IV.

nement une faveur toute spéciale à la femme qui n'a jamais quitté le sol français et qui est atteinte par une
perte cruelle (1).

Au deuxième cas, lorsque la femme réside à l'étranger, elle doit pour recouvrer sa nationalité obtenir du
gouvernement l'autorisation de rentrer en France, et
faire déclaration d'y fixer son domicile. Elle adresse sa
demande en autorisation au ministre de la justice, et fait
sa soumission à la mairie de la commune où elle veut
s'établir.

L'article 10 ne vise que le cas où l'ex-Française devient
veuve, mais il ne prévoit pas l'hypothèse où elle serait
divorcée ; cependant M. Demolombe, n° 178, estime que
les dispositions de l'article 10 lui sont aussi applicables, et
motive ainsi son opinion : « Au moment où l'article 10
fut rédigé, le divorce était admis dans notre législation :
il est donc plus que vraisemblable, dès lors, que le législateur s'est reporté au mode le plus général de dissolution du mariage, sans exclure les autres. » L'article 10
recevra donc son application toutes les fois que le divorce
aura été prononcé en pays étranger et que la femme
aura cessé d'être sous le pouvoir marital : *cessante
causâ, cessat effectus* (2).

Le recouvrement de la qualité de Française, par la
femme devenue veuve et qui a des enfants mineurs,
peut-il avoir effet sur les enfants nés d'elle à l'étranger
et pendant qu'elle était étrangère ? De l'avis à peu près

(1) Dalloz ; *Droits civils*, p. 73. (Cass. 19 mai ; 1830 — Lyon,
11 mars 1835.)

(2) En ce sens, Lyon, 11 mars 1833.

unanime des auteurs, l'acte de la mère ne peut avoir
pour effet de changer l'état de ces enfants, et ils restent
étrangers, sauf pour eux la ressource de l'article 10
(C. civ.) (1). Pour les enfants majeurs, la question ne
saurait faire doute.

Troisième catégorie. — Dans la troisième catégorie,
nous rangeons l'enfant de l'ex-Français : « Tout enfant
né en pays étranger d'un Français qui aurait perdu la
qualité de Français pourra *toujours* recouvrer cette qualité en remplissant les formalités prescrites par l'art. 9 »
(Art. 10).

La faveur contenue en l'article 10 est facile à justifier.
Le législateur a pensé que le Français qui abdiquait sa
nationalité et se faisait citoyen d'une autre patrie, violait
à l'égard de ses enfants un dépôt glorieux, mais qu'il
fallait leur faciliter les moyens de le recouvrer (2). Toutefois le législateur n'a pas été aussi loin que notre ancien droit, qui bien que favorisant plus la naissance sur
le territoire que l'origine, avait cependant déjà placé
l'enfant de l'ex-Français dans une situation exception-
nelle. Ainsi, les lois antérieures bien loin d'assimiler
cet enfant à l'étranger, le mettaient sur le même pied
que les autres enfants nés avant l'expatriation du père,
pour le partage des successions qui s'ouvraient à leur
profit. Il lui suffisait même pour devenir Français de
fixer son domicile en France et de s'y faire délivrer des
lettres de *naturalité* qui produisaient un effet rétroactif.
Par une espèce de fiction qui rappelait le *jus Postliminii*

(1) *Contra*, Duvergier, *Collection des lois*, t. III, p. 241, 2ᵉ édition.
(2) « La volonté du père décide, de l'état du fils, » disait au

des Romains, l'enfant était rétabli dans tous les droits qu'aurait eus son père.

C'est la faveur du sang, et non plus, comme pour l'étranger né en France, le lieu de la naissance, qui rend l'enfant du ci-devant Français digne du bienfait de la loi; aussi peut-il *toujours* réclamer l'ancienne qualité de son père en remplissant les conditions prescrites par l'article 9. De ces mots de l'article 10 : *pourra toujours recouvrer*, quelques auteurs ont conclu que pendant la minorité de l'enfant, son tuteur ou, en cas d'émancipation, son curateur pouvait user en son nom du bénéfice de l'article 9 (1). Telle n'a pas été, croyons-nous, l'intention du législateur, et le mot *toujours* mis en regard de ceux *l'année qui suivra l'époque de la majorité* (art. 9) indique un temps indéterminé au delà de cette année et se rapporte seulement à la durée du droit. Les principes de nos lois sur l'acquisition de la nationalité par bienfait de la loi veulent que le choix soit fait avec discernement, libre et éclairé, ce qui ne peut avoir lieu qu'au moment de la majorité. Nous savons aussi déjà,

conseil d'État M. Regnaud de Saint-Jean d'Angely, et, logique jusqu'au bout, il voulait qu'on s'en tînt au droit strict à l'égard de l'enfant d'un ex-Français, et qu'on ne lui accordât aucune faveur spéciale pour recouvrer cette qualité. — M. Trenchet répondit : « Un homme dont la famille est française, qui a du sang français dans les veines, et qui malgré l'ingratitude paternelle est peut-être resté Français par les sentiments et par le cœur, doit-il être vu par nous avec la même indifférence que tout autre étranger ? Est-il équitable de lui faire porter tout le poids d'une faute qui n'est pas la sienne, ou n'est-il pas plus juste d'avoir quelques égards pour son origine? » Ces considérations motivèrent l'adoption de l'article 10.

(1) Guichard, *Droits civils*, n° 70 ; — Delvincourt, p. 193, n° 7.

que l'option ne peut être faite par procureur légal et qu'il faut l'assentiment direct et spontané de la personne même qui s'oblige (1).

De la généralité des termes de l'article 10 § 2, on a encore conclu qu'il était applicable à l'enfant de celui qui, après s'être fait naturaliser en France, avait perdu la qualité de Français, aussi bien qu'à l'enfant d'un Français de naissance devenu étranger. Cette décision nous paraît conforme au principe de notre droit, que les fautes et les pertes de nationalité sont personnelles. — Mais que doit-on décider relativement à l'enfant né du mariage contracté par une femme française avec un étranger? Cet enfant peut-il invoquer le bénéfice de l'article 10? Pour la négative on dit : qu'en légitime mariage l'enfant suit le sort du père; que dans l'espèce l'enfant est né d'un étranger et ne se rattache pas à sa mère, par application de la maxime : *quum legitimæ nuptiæ factæ sunt, patrem liberi sequuntur;* en un mot qu'étant étranger l'enfant doit être traité comme tel (2). M. Demolombe, qui a examiné la question, la résout dans le sens de l'affirmative et répond : « que d'une part, le texte porte : *né d'un Français,* or ce mot comprend la *femme* aussi bien que l'*homme;* que d'autre part, l'enfant se rattachant par sa mère à la grande famille française, il eût été Français par elle, si le mariage ne lui eût enlevé cette qualité. » Les motifs de la loi nous semblent militer en faveur du système suivi par M. Demolombe et

(1) M. Toullier (n° 263); — Legat (p. 16); — Demolombe (n° 166); et Coin-Delisle (p. 12).

(2) M. [...] atel [...] *lion sommaire,* p. 15, et Demangeat, *sur Felix,* t. 1, p. 99.

nous n'hésitons pas à l'adopter (1). Toute autre serait
notre décision si l'enfant de l'ex-Français avait volontairement et tacitement renoncé au bénéfice de l'article 10,
ce qui par exemple aurait lieu dans l'hypothèse où la
fille de l'ex-Français aurait épousé un étranger. Son
mariage serait alors un obstacle à l'acquisition de la nationalité française par l'effet de l'article. 10.

L'enfant qui justifierait de sa conception en France
avant la perte de la qualité de Français par son père
n'aurait pas besoin de recourir à l'article 10 pour se
faire attribuer cette qualité, et pourrait invoquer la
maxime : *Infans conceptus pro nato habetur quoties de
commodis ejus agitur.* Cet enfant serait donc Français
d'origine, pourvu bien entendu qu'il eût été conçu en
légitime mariage.

Il nous reste à examiner une question aussi intéressante que controversée. L'article 10 ne parle que de
l'enfant d'un ex-Français né à l'étranger; que décider à
l'égard de cet enfant s'il est né en France? D'après
M. Coin-Delisle, l'enfant né en France d'un ex-Français
ne peut invoquer que l'article 9 du Code civil, dans les
termes duquel il se trouve (2). Mais l'article 9 est beaucoup moins favorable que l'article 10 puisqu'il n'auto-
rise la réclamation de nationalité que pendant l'année
de la majorité; or, on ne peut admettre que l'enfant
d'un ex-Français, s'il est né en France, soit traité moins
favorablement que s'il était né en pays étranger; il existe

<hr>

(1) Demolombe, t. I. n° 67; — Zachariæ, Aubry et Rau, t. I, p. 214;
— Dem., p. 72, t. I.

(2) *Conf.* Legat, p. 15; — Coin-Delisle, n° 16.

même un *à fortiori* en sa faveur, et on doit lui permettre d'invoquer l'article 10. Quant à l'antithèse que le législateur semble avoir voulu établir, et qui résulte de ces mots *nés en pays étrangers*, il est facile de l'expliquer. Le premier projet de loi relatif à l'article 9 déclarait que tout individu né en France serait Français ; l'article 10 servait de corollaire à l'article 9, et réglait la nationalité des enfants qui n'étaient pas Français d'origine ; or, nous savons que l'article 9 fut modifié après discussion ; on eût dû également modifier l'article 10, mais on n'en fit rien. Par conséquent, conservons à cet article sa signification première, relative à tous les étrangers d'origine, et disons qu'il n'y a rien à induire de sa rédaction si ce n'est que son application a été élargie par l'article 9 (1).

Enfin, plusieurs auteurs et notamment M. Mourlon ont prétendu que l'article 10 avait été modifié par la loi du 7 février 1851.

Aux termes de la loi de 1851, dit M. Mourlon, l'enfant né en France d'un étranger qui lui-même y est né, est Français de plein droit ; or, cette disposition s'applique évidemment aussi bien à l'enfant né d'un ci-devant Français qu'à celui qui est né d'un étranger proprement dit. La loi, en effet, ne distingue pas. On peut même dire qu'il existe un *a fortiori* en faveur de l'enfant du ci-devant Français, car le Code le traite plus favorablement qu'un étranger ordinaire. Donc, en résumé, l'enfant né en France d'un ci-devant Fran-

---

(1) Duranton, t. I, n° 127 ; — Richelot, t. I, n° 68 ; — Serrigny, t. I, p. 143 ; — Demolombe, n° 166.

çais qui lui-même y est né, est de plein droit Français ; et cette qualité, il la conserve, s'il n'a pas, dans l'année de sa majorité telle qu'elle est réglée par la loi française, réclamé la qualité d'étranger (*Répétitions écrites*, t. I, p. 100).

A la rigueur, on peut tirer cette conséquence des termes de la loi de 1851 ; cependant elle ne nous paraît pas exacte. En effet, c'est la naissance de l'enfant sur le sol français, précédée de la naissance de son père sur notre territoire, qui donne lieu au privilége qu'elle confère. De plus, la loi suppose de la part du père une résidence continue en France, et par suite un vif sentiment d'affection pour le pays chez l'enfant, qui y aura été élevé, qui en aura pris les mœurs et en parlera la langue. M. Beudat ajoute que « l'arrivée entre les deux naissances d'un fait qui eût suffi pour faire perdre la qualité de Français, si la naissance l'eût concédée, doit *a fortiori* enlever l'aptitude résultant de cette naissance à obtenir cette qualité, aptitude qui a des racines bien moins fortes que le titre lui-même. » Par conséquent, il ne faut tenir compte que de la naissance de l'enfant sur le territoire français ; son père ne doit pas être considéré comme un étranger né en France, mais comme un ci-devant Français, et l'enfant ne peut invoquer que l'article 10 dans les termes duquel il se trouve. Et que l'on ne dise pas que cette interprétation est défavorable à l'enfant ; le privilége de l'article 10 lui est tout aussi avantageux que celui de la loi de 1851, puisque cette loi lui imposerait une nationalité qui peut-être lui répugnerait. L'intérêt de l'enfant exige qu'il n'ait pas une nationalité différente de celle de son père ou de sa mère ; M. Mourlon lui-même proclame bien haut ce principe, autre part (1).

Il est donc préférable de laisser l'enfant opter pour la nationalité qu'il préfère, plutôt que de lui imposer un titre et une qualité qu'il n'eût jamais peut-être demandés.

Remarquons que le privilége de l'article 10 ne s'accorde qu'aux fils de l'ex-Français, c'est-à-dire à ses enfants au premier degré seulement. Cependant ce principe souffre une exception qui résulte de l'article 22 de la loi du 15 décembre 1790 : « Toutes personnes qui, nées en pays étranger, descendent à quelque degré que ce soit d'un Français ou d'une Française expatriés pour cause de religion, sont déclarées naturels Français et jouiront des droits attachés à cette qualité si elles reviennent en France, y fixent leur domicile et prêtent le serment civique. Les fils de famille ne pourront user de ce droit sans le consentement de leur père, mère, aïeul ou aïeule, qu'autant qu'ils seront majeurs et maîtres de leurs droits. » Cette loi, n'ayant jamais été abrogée, peut encore être invoquée par tous descendants de religionnaires fugitifs, pourvu qu'ils n'aient pas encouru l'une des déchéances énumérées dans l'article 1er. Une des dernières applications en a été faite en 1825, au sujet de l'élection de Benjamin Constant.

(1) M. Mourlon, t. 1, pag. 95, note 2. (7e *édition*.)

SECTION III.

Privilége de l'étrangère qui épouse un Français (Art. 12. C. civ.).

« L'étrangère qui aura épousé un Français suivra la condition de son mari (art. 12). « C'est, disait M. Boulay de la Meurthe, l'ancienne et constante maxime que la femme suive la condition de son mari, maxime fondée sur la nature même du mariage qui de deux êtres n'en fait qu'un, en donnant la prééminence à l'époux sur l'épouse. » Cet article a donné naissance à la question tant de fois et si vivement controversée de savoir si la loi impose la nationalité française à la femme étrangère qui épouse un Français? Cette femme devient-elle Française de plein droit par le fait de son mariage qu'elle le veuille ou qu'elle ne le veuille pas ? Il faut résoudre cette question conformément à ce principe de notre droit : que la France ne s'impose pas, et dont nous avons déjà vu l'application dans les articles 18 et 19 (Code civ.). Disons donc, que l'étrangère ne deviendra pas Française malgré elle, et qu'on ne peut la contraindre d'accepter une nationalité qui lui répugne et dont il lui serait facile de s'affranchir (1).

On s'est encore demandé si la règle : que la femme suit la nationalité de son mari, était absolue et si le

______

(1) *Contra*, M. Demangeat, *sur Felix ;* — Proudhon, t. I, p. 452 ; — Varambon, *Revue pratique*, t. VIII. p. 50.

mari pouvait à son gré, modifier de nouveau la nationalité de sa femme en en changeant lui-même après le mariage. La plupart des auteurs refusent au mari un droit aussi exorbitant, en l'absence de toute loi, et enseignent que la femme étrangère ou Française, qui a épousé un Français, ne perd point sa qualité de Française lorsque son mari par une cause quelconque a perdu la sienne (1).

SECTION IV.

Privilége en cas de réunion d'un territoire à la France, ou en cas de désunion.

Les trois cas de naturalisation par bienfait de la loi que nous venons d'étudier ont un caractère essentiellement individuel et ne s'appliquent qu'à des personnes déterminées. Il est cependant un cas où le privilége est collectif et général : en cas de réunion d'un territoire à la France, ou en cas de désunion. L'étude complète de ces deux hypothèses, de la dernière surtout, serait pour nous d'une douloureuse actualité, mais comporterait des développements qui excéderaient les bornes de ce travail. Nous nous contenterons donc d'en dire quelques mots, en nous plaçant à un point de vue exclusivement juridique, puisque nous n'avons pas ici à apprécier la valeur morale et politique de cette sorte de naturalisation par bienfait de la loi.

(1) En ce sens, MM. Dur., t. I, n° 189; — Val. *sur Proud.*, t. I, p. 186; — Marcadé, t. I, p. 193; — Demo., t. I, n° 104; — Dem., t. I, n° 36 *bis*; — Colmet d'Aage, *Revue française*, t. I, n° 401.

§ 1.

*Privilége résultant de l'incorporation d'un territoire étran-
ger à la France.*

Le Code civil ne nous donne pas les règles de ce
mode de naturalisation, et il ne saurait en être autrement : en effet, une pareille prévision eût été pour les
peuples voisins sinon une menace de guerre, tout au
moins un sujet de justes défiances. Ce n'est que quand
un territoire est réuni à la France, que des lois spéciales ou des traités déterminent ordinairement la condition des habitants des provinces réunies, soit par la
conquête, soit par une cession. L'incorporation résulte
toujours en effet, ou d'une cession volontaire ou d'une
cession forcée, et il est généralement admis aujour-
d'hui, en théorie du moins, que les habitants des territoires cédés doivent être consultés, ou tout au moins
doivent jouir de la faculté de conserver leur ancien
titre par une déclaration expresse de leur volonté à
cet égard.

Pothier nous fait connaître en ces termes les effets de
la réunion : « Il est certain que lorsqu'une province
est réunie à la couronne, ses habitants doivent être re-
gardés comme Français naturels, soit qu'ils y soient nés
avant ou après la réunion. Il y a même lieu de penser
que les étrangers qui seraient établis dans ces provinces,
et y auraient obtenu, suivant les lois qui y sont établies,
les droits de citoyen, devraient, après la réunion, être

considérés comme citoyens, ainsi que les habitants originaires de ces provinces, ou du moins comme des étrangers naturalisés en France. » Les habitants des territoires cédés deviennent donc de plein droit Français, par le fait de la réunion de ces territoires à la France. Mais cette naturalisation par bienfait de la loi n'a lieu qu'au profit des habitants originaires des territoires cédés et qui y sont domiciliés (1). Toutefois ce principe a été étendu par le traité du 24 mars 1860, dont l'article 6 confère virtuellement la qualité de Français, non-seulement aux anciens sujets sardes domiciliés en Savoie ou dans le comté de Nice au moment de leur réunion à la France, mais encore à ceux qui en étaient simplement originaires et qui ne s'y trouvaient plus domiciliés à ce moment.

Ainsi, c'est l'incorporation du territoire qui confère, *ipso facto*, la qualité de Français à ses habitants. Mais quel est le moment à partir duquel l'incorporation a lieu? Point de difficultés, quand elle résulte d'une loi ou d'un traité. Mais dans le cas de conquête, il est très-difficile de préciser le moment exact à partir duquel l'incorporation a lieu et entraîne concession du titre de national.

L'Algérie, par exemple, a été conquise par nos armes, mais il n'existe point de traité duquel il résulte qu'elle ait été réunie à la France. Il est constant cependant que les peuples qui l'habitent sont Français, cela ne fait

(1) Conf. Pothier, *Des personnes*, part. I, tit. II, sect. 1; — Richelot, I, 73; — Zachariæ, I, § 72, note 1; — Duranton, I, 133; — Demolombe, I, 157; — Rouquier, *Dissertation* (*Revue pratique*), 1862, t. XIII, p. 273.

plus de doute, depuis le traité de la Tafna conclu le
30 mai 1837, et depuis la déclaration solennelle faite
par le roi Louis-Philippe en 1841, que : « cette colonie
est une terre désormais et pour toujours française ».
La question, d'ailleurs, avait déjà été tranchée en ce
sens par un arrêt du 2 février 1839 portant, que les
Algériens n'étaient pas tenus de fournir la caution
judicatum solvi. Mais il reste à déterminer le moment à
partir duquel la réunion, en fait, et par suite la naturalisation ont eu lieu. M. Rodière estime que chaque partie
du territoire est devenue française et que ses habitants
ont été naturalisés par la réunion, à mesure que la conquête *consommée* y établissait l'autorité française (1).
MM. Aubry et Rau enseignent que : la réunion de l'Algérie à la France n'a été expressément prononcée que
par l'article 109 de la constitution du 4 novembre 1848,
qui a déclaré territoire français le territoire de l'Algérie ; mais que la réunion de ce pays à la France remonte au delà de cette époque, et a été virtuellement
opérée par l'ordonnance du 10 août 1834, concernant
l'organisation de l'ordre judiciaire et l'administration
de la justice dans les possessions du nord de l'Afrique (2).
L'opinion de M. Rodière nous paraît plus conforme aux
principes et nous n'hésitons pas à l'adopter.

Les effets produits par la réunion sont exactement
les mêmes que ceux produits par la naturalisation proprement dite. Toutefois, aux termes du sénatusconsulte du 14 juillet 1865, sur l'état des personnes et la

(1) Serrigny, t. I, p. 167 ; — Rodière, *Revue de législation*, t. I,
p. 306 et suiv.
(2) Zachariæ, Aubry et Rau, t. I, p. 259, 4e *édition*.

naturalisation en Algérie, et du décret du 21 avril 1866 portant règlement d'administration publique pour l'exécution d dit sénatusconsulte, les Algériens musulmans ou israélites n'ont pas acquis avec la qualité de Français, celle de citoyen. Un décret du gouvernement rendu après enquête et le conseil d'État entendu, peut seul leur conférer cette dernière qualité. Jusque-là, leurs anciennes lois et coutumes régissent, en général, leurs rapports privés.

§ 2.

Privilége en cas de désunion. — Option des Alsaciens-Lorrains.

Le Code civil n'a pas prévu et ne pouvait pas plus prévoir la désunion que la réunion d'un territoire quelconque à la France. Il eût été peu naturel, en effet, de régler à l'avance le sort des personnes qui pouvaient être arrachées à notre patrie. Ce n'est que quand de telles hypothèses se présentent qu'on les règle, et c'est ce qu'a déjà fait une loi de 1814 spéciale aux habitants des provinces réunies à la France depuis 1791 et séparées par le traité de 1814, qui, soit après, soit avant la réunion, s'étaient établis sur une portion quelconque du territoire qui restait français. Un usage abusif a fait abroger cette loi (loi du 3 décembre 1849, art. 4), que MM. Valette et Demolombe ont justement critiquée (1) ; et dont par conséquent l'étude n'aurait plus pour nous

_____

(1) MM. Valette (sur Proudhon, I, 128) ; — Demolombe (I, 178).

qu'un intérêt rétrospectif. Mais nous avons à étudier au point de vue spécial de notre matière, une loi qui pour nous est d'une bien plus douloureuse actualité, et à examiner quelques-unes des difficultés soulevées par son interprétation.

Le traité définitif de paix du 10 mai 1871 donne aux habitants de l'Alsace-Lorraine la faculté de conserver la nationalité française par une déclaration expresse de leur volonté à cet égard. Tous les individus originaires des territoires cédés, quel que soit d'ailleurs le lieu de leur résidence, étant devenus Allemands à la date du 2 mars 1871 (1), il en résulte « qu'ils sont légalement considérés par l'Allemagne comme Allemands sous *condition résolutoire*, tandis qu'au regard de la loi française, ils ne sont plus que des Français sous *condition suspensive*, c'est-à-dire des Français dont la nationalité, provisoirement suspendue, sera définitivement périmée, s'ils n'accomplissent, dans le délai convenu, les formalités prescrites par les traités. » (Exposé des motifs sur la convention additionnelle) (2). Cette conclusion est exacte et, il faut bien en convenir, conforme aux principes du droit public. Présentement les habitants de l'Alsace-Lorraine sont Allemands; par conséquent, le droit d'option que leur assure le traité définitif de paix constitue pour eux un véritable privilége, une sorte de

(1) Préliminaires de paix, art. 4.

(2) Convention additionnelle du 11 décembre 1871. Le tribunal de Vesoul (19 juillet 1871) et la cour de Nancy (31 août 1871) ont jugé le contraire, et décidé que la nationalité française demeurait intacte jusqu'après l'expiration du délai d'option.

naturalisation sous conditions potestatives ou par bienfait de la loi.

Qui doit opter. — L'article 2 du traité de paix du 10 mai 1871 a posé le principe du droit d'option; l'article 1 de la convention additionnelle du 11 décembre suivant l'a développé ou plutôt altéré. Du rapprochement et de l'examen de ces divers articles il résulte d'abord, que l'origine est le seul fait déterminant des sujets français qui tombent sous l'application du traité, et qu'on a ainsi abandonné l'ancien principe d'après lequel une province, de même que tout autre immeuble, passe à son nouveau propriétaire « telle qu'elle est et se comporte » à l'instant où l'acquisition devient définitive : « Quidquid in territorio est etiam de territorio. »

Il est facile de voir pourquoi les négociateurs allemands ont substitué l'idée d'origine à celle de domicile. Un grand nombre d'Alsaciens-Lorrains sont répandus par toute la France, et bien peu d'autres Français sont domiciliés dans l'Alsace-Lorraine. Cependant la notion de domicile eût dû l'emporter sur celle plus vague de l'origine, puisque l'origine, quand elle n'est pas accompagnée du domicile, est un fait matériel dû au hasard de la naissance, tandis que le domicile, fait local plein de conséquences politiques et civiles, est très-facile à préciser.

Ainsi, tous les individus originaires des territoires cédés se trouvent dans l'obligation d'opter pour la naturalité française s'ils ne veulent rester Allemands, et depuis une circulaire du ministre de la justice aux préfets en date du 30 mars 1872, qui a fixé la signification douteuse du mot : originaire (*gebürtig*), il est permis de dire que :

1° Les Français nés dans les provinces cédées devront faire une déclaration, s'ils désirent rester Français ;

2° Les Français qui n'y sont pas nés, y fussent-ils même domiciliés, seront considérés comme Français, sans être astreints à faire une déclaration.

Autrement dit, tous ceux qui sont nés en Alsace-Lorraine, quels que soient leur âge, leur sexe et leur domicile, sont tenus de faire (soit par eux-mêmes, soit par leurs représentants) une déclaration, s'ils entendent conserver la qualité de Français ; à défaut de cette déclaration dans les délais prescrits ils seront considérés comme Allemands ; tous ceux qui ne seront pas nés dans ces territoires n'ont aucune déclaration à faire et sont Français de plein droit (1).

N'ont pas à faire option les individus qui, nés en Alsace-Lorraine, n'ont acquis la nationalité française par naturalisation que *postérieurement* au 2 mars 1871. Ils n'ont pu, en effet, perdre une nationalité qui ne leur était pas encore acquise. De même encore et pour les mêmes raisons, les individus nés en Alsace-Lorraine et devenus Français, par le bénéfice des arti-

(1) Les treize procès-verbaux des conférences tenues à Francfort n'ayant jamais été publiés, probablement parce que le gouvernement allemand aura refusé de sanctionner les opinions qui y sont consignées, toutes ces questions étaient restées obscures. Elles n'ont été éclaircies que par la dépêche du comte d'Arnim, envoyé extraordinaire d'Allemagne à Paris, en date du 18 septembre 1871, la circulaire ministérielle du 30 mars 1872, et le rapport de M. d'Harcourt à l'Assemblée nationale à Versailles.

cles 9, 10 (C. civ.) de la loi du 22 mars 1849, n'ont aucune option à faire et demeurent Français.

Mais cette solution est-elle applicable à l'individu né en Alsace-Lorraine de parents étrangers, qui ne serait devenu Français qu'après s'être fixé à une époque quelconque *antérieure* à la cession de la province, sur une autre partie du territoire français? Nous pensons que l'affirmative doit être admise, non pas seulement parce que, comme on l'a dit, cette solution est seule en harmonie avec la doctrine que l'Allemagne a imposée dans les négociations de Francfort, en supposant pour les individus originaires d'Alsace-Lorraine un indigénat distinct de la nationalité française et en exigeant, par suite, une déclaration de tout Français né dans cette province qui voudra conserver sa nationalité, quelle que soit sa résidence actuelle (1), mais encore, parce que l'acquisition de la nationalité française en vertu de l'article 9 n'ayant pas d'effet rétroactif, l'individu né en Alsace-Lorraine y est né étranger. J'ajoute que cet enfant est inscrit sur les registres de l'état civil alsacien non pas comme Français, mais comme étranger.

Qui ne peut opter. — Certaines personnes originaires de l'Alsace-Lorraine sont soumises à l'obligation d'opter,

(1) M. Hepp, *Du droit d'option des Alsaciens-Lorrains pour la nationalité française*. Cet auteur développe sa proposition en ces termes : « Par une conséquence nécessaire de cette manière de voir, il faut admettre, dans l'hypothèse que j'examine, que le Français qui ne jouissait pas encore de cette qualité tant qu'il résidait en Alsace-Lorraine n'a pas pu acquérir, comme tel, l'indigénat alsacien-lorrain, mais tout au plus celui de la province où il était domicilié au moment où il est devenu Français. »

mais ne peuvent le faire pour cause d'incapacité juridique ou légale. Ce sont : les mineurs, les femmes mariées, les individus en état d'interdiction judiciaire ou légale.

« Pour rester dans la vérité des principes, il eût fallu réserver aux mineurs la liberté de choisir leur nationalité dans l'année qui suivrait leur majorité. Cette clause eût été en harmonie avec les maximes du droit public français, qui n'admet pas que, dans les questions d'Etat, le droit personnel acquis à un individu par le fait de sa naissance puisse être modifié en dehors de sa pleine et libre volonté. » (*Exposé des motifs de la convention additionnelle.*) En effet, une fois acquise par la naissance, la nationalité ne se peut perdre que par les modes spécifiés par la loi. La volonté du chef de famille ne figure pas parmi ces modes; donc celui-là dont la nationalité est en question est seul maître de la modifier, et personne ne peut le représenter pour un acte aussi important que le choix de la nationalité.

Les négociateurs français n'ont pu faire adopter ce système dans les conférences de Francfort; et ce qui ressort des explications échangées avec les plénipotentiaires allemands et consignées dans les protocoles, c'est que l'option de nationalité devra être faite, en ce qui concerne les mineurs, avec l'assistance de leurs représentants légaux (1).

Il faut appliquer les mêmes règles aux femmes mariées

(1) Confér. l'Exposé des motifs sur la convention additionnelle; — la circulaire du président supérieur d'Alsace-Lorraine, du 7 mars 1872, et celle du 16 mars 1872; — la circulaire du garde des sceaux, ministre de la justice aux préfets, du 30 mars 1872.

et aux individus en état d'interdiction judiciaire et légale. Ces personnes devront donc faire option : la femme mariée avec l'assistance de son mari (1); les individus interdits légalement ou judiciairement avec l'assistance de leurs représentants légaux (2).

Formes et délais de l'option. — Aux termes de l'article 2 du traité du 10 mai 1871 la conservation de la nationalité française par les Français originaires des territoires cédés, est subordonnée à l'accomplissement de deux actes distincts :

1° Déclaration faite devant l'autorité compétente (3) ;

2° Translation de domicile en France (4).

Cette seconde formalité n'est pas exigée des Français originaires des territoires cédés, non domiciliés sur ces territoires au moment de leur cession à l'Allemagne, et n'entraîne nullement, comme l'ont prétendu les journaux allemands, l'obligation d'émigrer.

La double formalité de la déclaration et de la translation du domicile en France doit, pour être valable, être faite dans les délais suivants :

1° Jusqu'au 1er octobre 1872 :

Dans les pays situés sur le continent européen (Art. 2 du traité de paix);

2° Jusqu'au 1er octobre 1873 :

Pour les individus originaires des territoires cédés,

____

(1) V. les sources précitées.

(2) V. art. 4 de la convention additionnelle.

(3) V. rapport du duc d'Harcourt; — Circul. du présid. sup. d'Alsace-Lorraine, 7 mars 1872 ; — Art. 2 du traité du 10 mai 1871 ; — Art. 1 de la conv. addit.

(4) *Conf.* art. 2 du traité de paix et art. 1 conv. addit.

qui résident hors l'Europe (Conv. addit., art. 1).

Effets de l'option. — Au point de vue de la nationalité française : l'Alsacien-Lorrain dont l'option aura été régulière, sera considéré comme n'ayant jamais été Allemand un seul instant. Au point de vue de la nationalité allemande, il deviendra rétroactivement étranger et sera considéré comme n'ayant jamais cessé d'être Français.

L'option produira quant aux biens des optants les effets suivants : « ils seront libres de conserver leurs immeubles situés sur le territoire réuni à l'Allemagne. » (Art. 2 du traité de paix.)

Effets du défaut d'option. — Le défaut d'option ; l'option tardive ; l'option faite sans qualité ou reçue par un fonctionnaire qui n'était pas qualifié pour recevoir cette déclaration ; la simple translation de fait du domicile en France (*émigration*) sans déclaration expresse d'option pour la nationalité française ; la déclaration d'option, faite en Alsace-Lorraine, sans translation effective du domicile en France (1) produiront les effets suivants :

Au point de vue allemand, l'Alsacien-Lorrain acquerra définitivement la qualité de sujet allemand et comme tel sera soumis aux lois allemandes, quant à sa personne et quant à ses biens.

Au point de vue français, l'Alsacien-Lorrain perdra rétroactivement la qualité de Français, et tous les droits et avantages qui y sont attachés. Il sera Allemand, alors même qu'il aurait pas cessé de résider en France.

(1) Comp. l'art. 6 du traité du 21 mars 1860, et l'art. 2 du traité du 10 mai 1871.

La nationalité française, définitivement perdue par suite du défaut d'option, ne pourra être recouvrée que par la naturalisation et sans effets rétroactifs. Nous souhaitons vivement qu'une loi spéciale, analogue à la loi du 14 octobre 1814, mais conçue dans un esprit plus favorable, vienne permettre aux Alsaciens-Lorrains qui, par ignorance ou pour toute autre cause, n'auront pas usé en temps utile du bénéfice de l'option, de recouvrer leur nationalité. Toutefois, en dehors de toute loi spéciale, nous croyons que la femme devenue veuve après l'expiration du délai d'option, et dont le mari n'aura pas opté pour la nationalité française, devra être admise à invoquer le privilége de l'article 19.

Nous croyons également que les enfants mineurs d'un Alsacien-Lorrain, devenus étrangers par suite du défaut d'option de leur père, pourront réclamer le bénéfice de l'article 10, dans les termes duquel ils se trouveront (1).

CHAPITRE VII

DE LA NATURALISATION PROPREMENT DITE.

La naturalisation par bienfait de la loi constitue un droit, la naturalisation proprement dite, est une faveur. Mais à qui appartient-il de conférer cette faveur? au gou-

(1) V. pour les Alsaciens-Lorrains militaires, l'article 1 du protocole de clôture des conférences de Francfort, et l'article 8 du traité du 10 mai 1871.

voir législatif ou au pouvoir exécutif? L'histoire nous montre que toutes les législations ont varié sur ce point et que la faveur a été concédée, tantôt par le chef du pouvoir exécutif, tantôt par le pouvoir législatif. Il n'y a pas encore bien longtemps que l'on soutenait, et avec raison selon nous, que dans notre législation la naturalisation proprement dite devait être envisagée à deux points de vue différents, comme un acte administratif et comme un acte législatif. En effet, d'une part, la naturalisation constitue un privilége personnel et doit dépendre du pouvoir exécutif; d'autre part, elle introduit dans le corps politique un nouveau citoyen et est, par conséquent, un acte de souveraineté qui nécessite l'intervention du pouvoir législatif (1). Dans notre législation actuelle et depuis la nouvelle loi du 29 juin 1867, la naturalisation proprement dite n'est plus qu'un acte purement administratif et il n'y a plus à distinguer la naturalisation ordinaire de la grande naturalisation.

L'origine et l'histoire de cette institution nous sont suffisamment connues par les détails que nous avons donnés dans différentes parties de notre travail. Nous nous contenterons donc de rappeler que dans notre ancien droit français, la naturalisation s'opérait par lettres patentes du roi, délivrées par la grande chancellerie (2).

Dans le droit intermédiaire, les conditions de la naturalisation ont successivement été réglées par les constitutions des 30 avril et 2 mai 1790 [...]

(1) V. M. Beudant, *De la naturalisation*, extrait de la *Revue critique de législation et de jurisprudence*, tome VII, livraison d'août 1855; et M. Valette, *Explication sommaire*, p. 33, note 2 [...]

(2) Bacquet, *Droit d'aubaine*, chap. XLII, art. 1, 2 et 3 [...]

tembre 1791 ; du 24 juin 1793; du 5 fructidor an III et du 22 frimaire an VIII.

Pendant la période qui s'est écoulée entre la constitution du 3 septembre 1791 et celle du 22 frimaire an VIII, l'étranger acquérait le droit de citoyen français par le simple effet de la loi, après une résidence plus ou moins longue accompagnée de certaines circonstances de nature à faire présumer son attachement au sol et son adhésion aux institutions du pays. La constitution de l'an VIII exigea de l'étranger, avant de lui conférer la qualité de citoyen français, une déclaration de son intention de se fixer en France et une résidence de dix années consécutives. Un avis du conseil d'État en date du 20 prairial an XI décida : 1° que l'étranger qui, aux termes de la constitution, voulait devenir Français était assujetti à la disposition du Code civil (art. 13) qui ne donne à l'étranger la jouissance des droits civils en France que lorsqu'il aura été admis par le gouvernement à y établir son domicile ; 2° que ces admissions seraient sujettes suivant les circonstances à des modifications, à des restrictions et même à des révocations.

Cette législation, confirmée dans le droit nouveau par le décret du 17 mars 1809, maintenue et respectée depuis le Consulat jusqu'en 1848, atteinte dans son application plutôt que dans son principe pendant les premiers mois qui ont suivi la révolution de Février, s'est perpétuée jusqu'à la loi du 3 décembre 1849 (1).

---

(1) Exposé des motifs du projet de loi relatif à la naturalisation présenté le 15 février 1867. (V. *Moniteur* des 16-28 février.)

Une étude approfondie de ces diverses lois ne présenterait plus aujourd'hui qu'un intérêt historique, et nous nous contenterons de faire connaître les dispositions de la loi de 1849. Les formalités et conditions auxquelles est soumise la naturalisation sont les suivantes :

Naturalisation ordinaire. — L'étranger qui veut l'obtenir doit :

1° Avoir vingt et un ans accomplis ;

2° Obtenir du chef de l'État l'autorisation de s'établir en France ;

3° Y résider effectivement pendant dix ans; ces dix ans ne commencent à courir que du jour où il a été autorisé à résider en France.

Le concours de ces trois conditions ne suffit pas pour faire acquérir de plein droit la nationalité française : l'étranger doit encore demander la naturalisation au gouvernement, qui ne l'accorde qu'après enquête sur sa moralité et après avoir pris l'avis du conseil d'État (1).

Naturalisation extraordinaire. — Une année de résidence suffit, et on dispense du stage de dix ans ceux qui y ont rendu à la France des services importants, ou qui ont apporté, soit une industrie, soit une invention utile, soit des talents distingués, ou, enfin, qui ont formé de grands établissements.

Actuellement la naturalisation est régie par la nouvelle loi du 29 juin 1867. L'exposé des motifs va

---

(1) M. Demante, sur *Felix* (t. I, p. 88 et 89), enseigne qu'il n'est pas nécessaire que cet avis soit favorable à la naturalisation et qu'il suffit que le conseil d'État ait été entendu. En ce sens, Aubry et Rau, t. I, p. 251, 4° édition.

nous faire connaître le but et l'esprit de cette loi :
« Le projet de loi que le gouvernement présente à vos
délibérations n'a point pour objet de modifier dans
ses bases la législation qui régit la naturalisation des
étrangers et de substituer de nouveaux principes à
ceux qu'a consacrés la loi du 3 décembre 1849.
Nous vous proposons simplement d'atténuer dans ce
qu'elles paraissent avoir de trop rigoureux aujour-
d'hui certaines exigences de cette loi, tout en maintenant intactes les garanties essentielles qui, dans l'intérêt et pour l'honneur de notre pays, ne permettent
d'accorder la qualité de citoyen français qu'aux étrangers qui se sont montrés dignes de l'obtenir. » Énumérons les innovations introduites par la loi du
29 juin 1867 :

Effrayés de la longueur du stage de dix ans que leur
imposait la loi de 1849, de nombreux étrangers hési-
taient à demander la naturalisation.

L'exposé des motifs du nouveau projet s'exprime à
ce sujet en ces termes : « L'état des relations de la
France avec l'Europe avait inspiré autrefois de légitimes
défiances contre celui qui, pour devenir Français, se sé-
parait d'une nation en armes avec la France. Mais aujourd'hui les mêmes défiances n'existent plus, les com-
munications sont devenues plus rapides, les relations
plus fréquentes et plus suivies. Le délai de dix ans est
excessif ; cette longue attente est un empêchement aux
demandes en naturalisation, etc. » Le Corps législatif,
touché de ces raisons, a décidé dans l'article 1 de la
nouvelle loi que le stage serait réduit à trois ans. Ce
délai est de même durée que le temps de stage qu'a

fixé le sénatus consulte du 14 juillet 1865 pour l'étranger qui, résidant en Algérie, veut être admis à jouir des droits de citoyen français. Une seule différence subsiste entre le régime établi pour l'Algérie par le sénatusconsulte et le système proposé par la loi pour la France : c'est l'obligation de l'admission préalable à domicile, dont l'étranger est affranchi en Algérie, et qui en France continue de lui être imposée. A la suite de plusieurs amendements, le moment à partir duquel commence le stage a été ainsi fixé par le paragraphe 2 de l'article 1 : « Les trois années courront à partir du jour où la demande d'autorisation aura été enregistrée au ministère de la justice. »

La loi de 1849, consacrant les décisions du sénatusconsulte du 26 vendémiaire an XI et du sénatus consulte organique du 16 février 1808, avait établi que le délai de dix années pourrait être réduit à une année en faveur des étrangers qui auraient rendu à la France des services importants ou qui y auraient apporté soit une industrie, soit des inventions utiles, soit des talents distingués, ou qui auraient formé de grands établissements.

La loi de 1867, comprenant l'utilité d'une pareille mesure, l'a conservée, en y faisant une addition importante, et a étendu ce privilége à l'étranger qui aurait créé en France des exploitations agricoles.

Mais la modification la plus importante introduite par cette loi est sans contredit l'abrogation de la grande naturalisation formellement édictée par l'article 1, ainsi conçu : « L'étranger qui, après l'âge de vingt-et-un ans accomplis, a, conformément à l'article 13 du Code civ., obtenu l'autorisation d'établir son domicile en France et y a résidé pendant trois années, peut être admis à jouir de tous les droits du citoyen français. » Cet article rencontra une vive et légitime opposition. Mais il fut néanmoins adopté, sur l'observation d'un membre au Corps législatif qui fit remarquer : « que l'introduction des étrangers à la Chambre n'impressionnerait plus personne, qu'on rencontrerait dans son sein peu de naturalisés, que s'il s'y en introduisait, ils le devraient à leur mérite, à leurs qualités personnelles. »

Enfin, la loi de 1867 a consacré une innovation relative aux étrangers exerçant en pays étranger une fonction conférée par le gouvernement français; la loi nouvelle assimile le séjour en pays étranger, exigé pour l'exercice d'une fonction publique conférée par le gouvernement, à la résidence en France.

Telle que nous venons de l'exposer, cette loi nous paraît avoir réalisé le vœu exprimé par M. Chadenet, rapporteur de la commission, au Corps législatif : La naturalisation est une question de dignité pour l'État qui la confère ; les lois qui régissent son octroi doivent être humaines et généreuses (1).

Effets de la naturalisation. — Nous connaissons les formes et les conditions à remplir pour obtenir la naturalisation, il ne nous reste plus qu'à en étudier les effets. L'étranger naturalisé devient entièrement national, et est soumis aux lois personnelles françaises comme le Français d'origine. Soumis aux mêmes obligations que les Français, il jouit également des mêmes priviléges. Il acquiert tous les droits politiques comme

(1) Rapport de la commission, § 4.

tous les droits civils et il n'y a plus d'exception à faire pour le droit d'éligibilité. En un mot, l'assimilation de l'étranger naturalisé au national est complète.

Mais l'acquisition de la nationalité française n'a pas d'effet rétroactif, et l'étranger ne doit se soumettre aux lois de sa patrie adoptive qu'à compter du jour du décret de naturalisation. En conséquence l'étranger naturalisé conserve la jouissance de tous les droits qui lui sont acquis. Ainsi, par exemple, le second mariage qu'il aurait contracté dans son pays après avoir divorcé, serait pleinement valable aux yeux de la loi française.

Quant aux effets de la naturalisation, ils sont purement personnels à l'étranger naturalisé et ne s'étendent ni à sa femme ni à ses enfants. Cette solution n'est point contestable pour l'enfant majeur à l'époque de la naturalisation de son père, mais on l'a combattue pour l'enfant mineur; cependant elle découle des principes posés par le législateur en matière de nationalité (art. 9 et 10 C. civ.; art. 2 de la loi du 7 février 1851) (1).

(1) V. sur les effets de la naturalisation, M. Beudant, *opere citato*.

POSITIONS

DROIT ROMAIN.

I. C'est la loi Junia Norbana rendue en l'an de Rome 671, et non la loi Ælia Sentia qui a introduit la classe des Latins Juniens.

II. Il n'y a pas contradiction entre le paragraphe 12 du titre premier des fragments d'Ulpien et les paragraphes 17 et 18 du commentaire premier de Gaius.

III. La constitution de Caracalla n'a concédé le droit de cité qu'aux habitants actuels de l'empire et à leur descendance, et non à tous ceux qui pourraient devenir les sujets de l'empire.

IV. On peut concilier la loi 18 *De Rebus creditis* avec la loi 36. *De Adquirendo errum dominio.*

V. La règle Catonienne ne s'appliquait pas aux institutions d'héritier.

VI. La règle Catonienne s'est toujours appliquée,

même après Justinien, aux fidéicommis comme aux legs.

CODE CIVIL.

I. L'enfant simplement conçu en France ne peut invoquer le bénéfice de l'article 9.

II. Le louage ne confère au preneur qu'un droit de créance (Art. 1743).

III. Les héritiers du donateur ne peuvent pas opposer le défaut de transcription de la donation.

IV. L'article 180 ne vise point l'erreur sur la personne physique, mais l'erreur sur la personne civile ou sociale, c'est-à-dire sur les qualités de l'individu.

V. Le défaut des publications prescrites par l'article 170 (C. civ.) ne rend pas le mariage nul mais simplement annulable.

VI. L'obligation de transcrire le mariage sur les registres de l'état civil, prescrite par l'article 171 (C. civ.), n'a point de sanction légale.

VII. Le privilége des créanciers séparatistes sur les immeubles de la succession ne leur confère qu'un droit de préférence et nullement un droit de suite (Articles 880 et 214 C. civ.).

VIII. L'adjudicataire tient ses droits du tiers détenteur *délaissant* et non du vendeur primitif (Art. 2175, 2176, 2178, 2177 C. civ.).

IX. Le mari ne peut modifier à son gré la nationalité de sa femme en changeant lui-même de nationalité pendant le mariage (Art. 12).

DROIT CRIMINEL.

I. La qualité de père ou de mère est, quant au parricide, une circonstance aggravante et non un élément constitutif du délit.

II. Les complices d'un suicide ne sont passibles d'aucune peine s'ils n'ont employé ni fraudes ni violences.

DROIT ADMINISTRATIF.

I. La connaissance des dommages permanents, tels que ceux qui résultent de l'exhaussement ou de l'abaissement de la voie publique, de la suppression ou réduction de la force motrice d'une usine, appartient au jury.

II. La juridiction de droit commun appartient aux ministres.

PROCÉDURE CIVILE.

I. L'étranger ne peut être arbitre.

. II. L'étranger domicilié en France peut exiger d'un autre étranger demandeur la caution *judicatum solvi*.

DROIT DES GENS.

I. L'État qui laisse construire dans ses ports des vaisseaux destinés à la marine d'un belligérant viole la neutralité.

II. Les principes du droit des gens ne sont pas applicables à l'enfant né dans l'hôtel d'un ambassadeur français à l'étranger; cet enfant ne peut invoquer le bénéfice de l'article 9.

HISTOIRE DU DROIT.

I. Les *professiones legis* n'ont jamais eu le caractère potestatif qu'on leur a attribué, et on ne peut les considérer comme l'origine de notre mode d'assimilation par bienfait de la loi.

II. C'est dans les coutumes germaniques qu'il faut chercher l'origine du droit d'aubaine. La législation romaine y est complétement étrangère.

III. Il est faux que les peuples germaniques aient vécu sous le système de la personnalité des lois, comme l'a prétendu Montesquieu. C'est à la conquête de la Gaule qu'est due l'introduction de ce système.

IV. La caution *judicatum solvi* a une origine germanique et non romaine.

Vu par le président de la thèse.
Ch. BEUDANT

Vu par le doyen de la faculté,
COLMET D'AAGE.

Vu et permis d'imprimer :
Le vice-recteur,
A. MOURIER.

TABLE DES MATIÈRES

DROIT ROMAIN.

DES LATINS JUNIENS.

DROIT FRANÇAIS.

DES MODES D'ASSIMILATION DES ÉTRANGERS AUX NATIONAUX.

FIN.

Clichy. — Impr. Paul Dupont et Cie, rue du Bac-d'Asnières, 12.

CLICHY. — IMPR. PAUL DUPONT ET Cie, RUE DU BAC-D'ASNIÈRES, 12